# 体育运动与心理健康

////////////// 夏钊伟◎主编 //////////////

四川科学技术出版社

**图书在版编目（CIP）数据**

体育运动与心理健康 / 夏钊伟主编 . -- 成都 ：四川
科学技术出版社，2024.8（2025.7重印）

ISBN 978-7-5727-1456-6

Ⅰ．G804.82

中国国家版本馆 CIP 数据核字第 2024K9R381 号

## 体育运动与心理健康
### TIYU YUNDONG YU XINLI JIANKANG

主　编　夏钊伟

出 品 人　程佳月
责任编辑　潘　甜　唐晓莹
助理编辑　杨小艳
选题策划　鄢孟君
封面设计　星辰创意
责任出版　欧晓春
出版发行　四川科学技术出版社

成都市锦江区三色路 238 号 邮政编码 610023

官方微信公众号 sckjcbs

传真 028-86361756

成品尺寸　170 mm × 240 mm
印　　张　8.75
字　　数　175 千
印　　刷　三河市嵩川印刷有限公司
版　　次　2024 年 8 月第 1 版
印　　次　2025 年 7 月第 2 次印刷
定　　价　66.00 元

ISBN 978-7-5727-1456-6

邮　　购：成都市锦江区三色路 238 号新华之星 A 座 25 层　邮政编码：610023
电　　话：028-86361770

# 编委会

　　心理健康是现代人应具备的重要素质之一，是一种对社会环境的适应能力。保持积极的情绪状态，正确对待生活中的困难和挫折，充分发挥自己的潜能，对人的一生来说是十分重要的。参加体育运动可以调节紧张情绪，缓解心理压力，改善人的焦虑状态，是保持并提升心理健康水平的重要手段之一。

　　良好的心理素质主要包括自信心、勇敢精神、竞争意识、意志力、自制力及自我心理调节能力等。对体育运动而言，拥有坚忍顽强的意志是十分重要的，它体现在人们积极调动自身力量去克服困难和挫折的实践中。体育运动是培养人良好意志和品质的重要手段与途径，人们通过参加体育运动，可以体验运动的乐趣，展示自己的风采，提升自信。人与人之间正常的、友好的交往不仅是维持心理健康必不可少的条件，也是促进心理健康的重要途径。体育运动不但可使人与人之间产生亲近感，丰富生活方式，还可使人获得友谊、支持、理解，得到内心的慰藉，提高自信，降低挫折感，消除隔阂和孤独，进而有利于情感交流和解除自我幽闭，更容易与他人形成朋友关系，因此，体育运动不仅可以加强人际关系，而且对培养人的心理适应能力具有重要作用。

　　体育运动作为增进身心健康的有效方式，已成为现代人生活中不可缺少的一部分。体育运动以身体直接参与、动感鲜明的互动形式，成为教育者实施心理健康教育的主要载体。体育运动从卫生、社会、教育三方面改善个体的心理健康状态，提升个体的心理健康水平，调节情绪状态，消除心理障碍，提高社会适应性，具有其他学科不可比拟的优势。结合当下社会人们心理发展的现实需要，以及分析运动对促进心理健康的实效性，作者编写了本书。全书内容丰富，详细介绍了参与体育运动在保持心理健康、克服心理障碍、培养人的心理适应能力等方面的功能效应，为相关研究提供理论支持与指导。

# 目　录

# 第一章　运动与心理健康概论

## 第一节　心理健康概述

### 一、健康的内涵与界定

健康是人类关注的永恒话题，随着人类对世界和自我认识的进步，人们对健康的认识也不断深化和发展，而健康的含义也随着社会经济的发展、科学技术的进步不断发展变化。

#### （一）健康的定义与内涵

1. 健康的定义

健康权是基本人权，达到尽可能高的健康水平，是世界范围内一项重要的社会性指标。世界卫生组织（WHO）明确指出，健康不仅仅是身体没有缺陷和疾病，还指精神上和社会适应上的完好状态。也就是说，健康不仅是身体没有缺陷和疾病，处于正常生理状态，还要有良好的心理状态和社会适应能力。不同学科对于健康的认识有着不同的定义。现代健康观以具有权威性的世界卫生组织对健康的定义为认识基础，全面、客观地从生物、心理、社会三个方面来探讨人类健康。

不同学科对健康的定义如下。

医学：一个个体的身体在细胞水平与分子水平上没有缺陷，同时，也没有种种负性影响，如情绪上的负担或危险因素的堆积等。

心理学：个体在心理和情感层面处于良好状态，包括心理弹性好、保持积极的心态和情绪、能做到情绪管理、有良好的自我意识、能自我接纳、有良好的人际关系以及有一定的自我实现能力等。

社会学：有机体对其所在环境的主动适应能力。

人类学：该学科对健康的定义涉及身体、心理、社会和文化等多个方面，强调健康是一个复杂的概念，需要综合考虑多个因素。人类学的研究揭示了健康是如何受文化、社会和个体经验的影响和塑造的。

## 2. 健康的内涵

世界卫生组织对健康的定义得到人们的普遍认可，与各个学科描述的健康观相比有如下特点：①健康的内涵指向扩大，不仅指向疾病。②涉及人类生命的生物、心理和社会三个基本方面，突破了医学的界限，医学研究的范围不能涵盖人类所有的健康问题，健康目标的实现需要人类自然科学和社会科学知识的融合。③健康不仅是个体健康，还包含群体健康（社会健康）。④生物、心理和社会三个基本方面形成了三维立体概念。

以"生物—心理—社会"为基础的三维健康模式中，从生物学角度看人的健康，主要是检查器官功能和各项指标是否正常；从心理学、精神学角度观察人的健康，主要是看有无自我控制能力，能否正确对待外界影响，是否处于内心平衡的状态；从社会学角度衡量人的健康，主要涉及个体的社会适应性，良好的工作和生活习惯，人际关系和应对各种突发事件的能力。

## 3. 现代健康新概念

根据世界卫生组织定义的健康，可以看出其内涵指向身体健康、心理健康、社会适应健康和道德健康四个方面。

### （1）身体健康

身体健康与否不能仅从外表加以评价，健康与疾病之间不存在明显的界限。一个人的肌体可能潜伏着病理缺陷或功能不全，因此，身体健康也称体质健康，是指人体在形态、结构、机能、体能和环境适应上的良好状态。

基本特征：身体形态与结构发育良好；生理机能水平高；心理发育与心理素质好；身体素质好；运动能力强；具有良好的适应能力。

### （2）心理健康

心理健康是对整体健康的有力补充和发展。由于人具有"社会人"与"自然人"的双重属性，在生活中难免受社会因素的影响和干扰，这些影响会对人们的健康造成不同程度的损害。心理健康是指人在情绪、意志、平衡人际和社会关系等方面处于良好状态。

基本特征：具有良好的自我控制和调节能力；对外界的刺激有良好的应对能力；心理经常处于平衡和满足状态。

基本标准：有充分的安全感和自知之明，善于平衡人际关系；热爱生活，乐于工作；能保持人格的完整与和谐；善于学习，努力进取；在一定环境条件下适度发挥个性，能适度地宣泄情绪和控制情绪，并能在现实社会条件下适当地满足个人的基本要求。

（3）社会适应健康

社会适应健康主要指人在适应社会环境的过程中处于良好状态。健康立足于个人身体和精神健康的基础上，强调人体与自然环境和社会环境的统一，而且人在社会适应的过程中往往处于主动地位。

基本要素：适应社会发展，不断改变自己的工作、生活与学习习惯；不断学习新知识，接受新事物，调整理想与现实的差距。

基本表现：家庭关系和谐；具有完成本职工作的主动性与积极性、能力和水平。在人际交往与社会活动中表现出积极的人生态度。

（4）道德健康

道德健康主要涉及个体的社会适应性、良好的工作和生活习惯、人际关系和应付各种突发事件的能力，是指人的品德、情操、人格等处于积极向上和完善的状态。

基本特征：具有健康、积极向上的信仰，高尚的品德与情操，完美的人格。

基本衡量标准：有坚定而完美的人格信念；作风正派,遵纪守法；坚持真理，敢于斗争；努力工作，乐于奉献；严于律己，团结他人；生活俭朴；对社会、朋友、家庭善于承担责任；善于学习，努力进取；谦虚谨慎，戒骄戒躁；容纳他人的进步与发展。

## （二）对健康的界定

### 1. 关于健康

健康究竟是什么？"完好状态"如何理解？有人认为关于健康的定

义缺乏操作性。虽然我们很难确定和测定健康的绝对水平，但是可以比较容易地确定健康状况的变化。健康的判定指标是多元性和综合性的，健康与非健康的分界关键在于阈值的确定。

世界卫生组织提出健康的十条标志，具体包括：①精力充沛，能从容不迫地应付日常生活和工作的压力而不感到过分紧张。②处事乐观，态度积极，乐于承担任务，不挑剔，事无巨细。③善于休息，睡眠良好。④应变能力强，能适应环境的各种变化。⑤能够抵抗一般性感冒和传染病。⑥身材均匀，站立时头、肩、臂位置协调。⑦眼睛明亮，反应敏锐，眼睑不发炎。⑧牙齿清洁，无空洞，无痛感，牙龈颜色正常，不出血。⑨头发有光泽，无头屑。⑩肌肉、皮肤富有弹性，走路轻松有力。

其中，第①、②、④条标志受主观、客观、自然和社会等条件的影响，机体健康的阈值指标比较容易确定，心理和社会健康层面的阈值由于受主观性和政治、经济、文化环境等因素的影响，具体可用"五快"（机体健康）和"三良好"（精神健康）来衡量。

（1）评价机体健康的"五快"

吃得快：进餐时，有良好的食欲。不挑剔食物，并能很快吃完一顿饭。

便得快：一旦有便意，能很快排泄完大小便，而且感觉良好。

睡得快：有睡意，上床后能很快入睡，而且睡得好，醒后头脑清醒，精神饱满。

说得快：思维敏捷，口齿伶俐。

走得快：行走自如，步履轻盈。

（2）评价精神状况的"三良好"

良好的个性人格：情绪稳定，性格温和；意志坚强，感情丰富；胸怀坦荡，豁达乐观。

良好的处事能力：观察问题客观现实，具有较好的自控能力，能适应复杂的社会环境。

良好的人际关系：助人为乐，与人为善，对人际关系充满热情。

2.关于亚健康

（1）亚健康的概念

亚健康状态是近年来国际医学界提出的新概念，是指人的肌体虽然无明显的疾病，但活力降低、适应力呈不同程度减退的一种生理状态，是身体各系统的生理功能和代谢过程低下导致的，是介于健康与疾病之间的一种生理功能降低的状态，亦称"第三状态"或"灰色状态"。

亚健康状态产生的主要原因是人体脏器功能下降，患者仅感到身体或精神上的不适，但经各种仪器和化验检查都无法确诊患有某种疾病。亚健康状态有可能发展成多种疾病。医学界只告知了人们亚健康状态的存在，但并未深入告知人们其对身体可能产生的影响，对其做进一步的研究仍是一个重要的医学课题。

（2）亚临床疾病

亚临床疾病又称为无症状疾病，没有临床症状、体征，但存在生理性代偿或病理性改变的临床检测证据，如无症状心肌缺血无临床症状，但有心电图改变等诊断依据。

亚临床疾病的提出是人类对健康内涵进一步认识的结果。根据健康概念的内涵，与健康相对应的是非健康，而不仅仅是疾病，非健康应包括疾病和潜在疾病。疾病具有明确的症状和体征，而潜在疾病（亚临床疾病）无明确的症状和体征，只是存在身体不适、易疲劳、虚弱及情绪和行为难以自控等表现。这些具有潜在疾病表现的人并不属于"健康人"的范畴，他们处于非健康状态，即亚健康状态。

正是由于人类对健康的认识不断深入，人们认识到在非健康状态下患病的人数并不多，大多数人处于亚健康状态。随着医学及其相关学科的快速发展，许多疾病得到了有效控制，人类的患病率和死亡率大大降低。社会经济的快速发展、社会文化的多元性冲击等，对人类的人生观和价值观产生了巨大的影响，使人们生活方式发生了较大的改变；再加上生态环境的变化，使人类面临许多新的健康问题，其中亚健康就是日益突出的问题。虽然亚健康在症状上来看是医学领域的问题，但从整体看，它与社会环境、经济文化、心理因素及人的自身素质都密不可分。亚健康状态已成为现在的研究热点，亚健康状态的内涵、成因和防治策略方面的研究成果都将丰富健康概念的内涵。

（3）亚健康与健康体适能

亚健康是不断变化发展的，而且已有潜在的病理信息。它本身拥有广泛的内涵，是人们在身心方面处于健康与疾病之间的健康低质量状态及其体验。由于人们在年龄、适应能力、免疫力和社会文化层次等方面存在差异，亚健康状态的表现错综复杂，较常见的是活力、反应能力、适应能力和免疫力降低，出现躯体疲劳、易感冒、稍动即累、出虚汗、食欲减退、头痛、失眠、焦虑、人际关系不协调、家庭关系不和睦等状况。正因为有亚健康状态的存在，人们越来越意识到良好体适能和规律性适宜运动的重要性。

体适能是指人体有充沛的精力从事日常工作（学习）而不感疲劳，同时有余力享受休闲活动，能够适应突发状况。体适能包括健康体适能和技能体适能。健康体适能是普通国民最基本健康适应能力的体现，包括心肺耐力（心肺适能），肌肉力量和肌肉耐力（肌肉适能），柔韧性，瞬发力，以及身体成分，其也是衡量健康体适能状况的五大要素。五项测评反映的人体健康体适能越高就代表身体机能越好。体适能较高的人身体健康，有匀称的体型，体姿良好，体态健美，拥有比实际年龄小的生理年龄，勇于接受挑战与压力；能缓解器官老化、身体机能衰退所导致的疾病的发生。他们精力充沛，很少感到力不从心，能与人融洽相处；会享受生活、兴趣广泛，有足够的体力进行休闲活动；遇到紧急情况，体适能良好的人反应敏捷，有理智，能快速应对危急状况而远离危险。这诸多的优势使人们意识到提高和促进个体的健康体适能，才是遏制亚健康状态的主要手段。

心肺适能：是指身体摄取氧和利用氧的能力。通常心肺适能与有氧工作能力是同一含义。心肺适能越强，完成学习、工作、走、跑、跳、劳动时就会越轻松，并能够胜任强度较大的工作，对较为激烈的运动也能够逐步适应。

肌肉适能：包括肌肉力量与肌肉耐力。肌肉力量是竭尽全力从事抵抗阻力的活动能力。强壮的肌肉有助于预防关节扭伤、肌肉疼痛和身体疲劳。肌肉耐力是肌肉承受某种适当负荷时运动重复次数的多少、持续运动时间长短的能力。肌肉适能的重要性在于避免肌肉萎缩、松弛，维持较匀称的身材，防止身体疲劳，减少运动损伤，提升运动能力，提高生活质量。

柔韧性：是指用力做动作时扩大动作幅度的能力，包括身体各个关节的活动幅度及跨过关节的肌肉、肌腱、韧带、皮肤和其他组织的弹性和伸展能力。柔韧性对于提高运动水平，维持正确的体姿，减少运动器官损伤，改善动作效果都有重要意义。

瞬发力：指反应时间，是其他体能（速度、反应时间、肌力、敏捷性、协调性等）的综合表现。反应时间恰当，说明身体对危机的处理能力较佳。

身体成分：指组成人体各组织器官的总成分。总重量为体重，含脂肪成分和非脂肪成分。体适能与体内脂肪比例的关系最为密切。脂肪过多，心肺功能的负担就会很重，要维持适宜的体内脂肪，就必须注意能量的吸收与消耗的平衡。人的体内脂肪重量占体重的百分比称体脂百分比，余下的包括骨骼、水分、肌肉等，称为去脂体重。体适能的强弱与合理地控制体重和体脂百分比关系密切。体重得当、身体成分适宜是健康的衡量标志。肥胖给健康带来威胁，体重过轻也不利于健康，都会对脑力、体力产生负面影响。

综上所述，亚健康状态是不断变化发展的，既可向健康状态转化，也可向不健康状态转化，其动态取向取决于个体是否自觉实施防范措施。

## 二、心理健康的概念与判定标准

### （一）心理健康的概念

有人认为心理健康是没有心理疾病，其实不然，有人虽无心理疾病，如精神病、神经症或变态人格，但是缺乏积极的生活态度，对生活感到厌倦，认为没有意义，对别人不信任，拒绝与人交往；或者唯我独尊，狂妄自大，人际关系失调；或者情绪偏执，缺乏自我调控能力，遭遇不幸往往不能自拔等，这些都是心理不健康的表现。社会的快速发展，生存压力的不断加大，要求人必须具备较高的心理素质，以适应时代与社会的要求。

## （二）心理健康的判定标准

关于心理健康的判定标准，国内外专家有多种阐述，主要是从个人行为表现是否符合社会共同规范、个人心理是否能灵活适应环境、个人主观感受是否良好来衡量。

1. 心理健康的综合判定依据

（1）智力正常

智力正常是衡量心理健康的重要标志之一，智力既是正常学习和工作的基本条件，也是一个人与周围环境取得动态平衡的重要心理保证。良好的智力水平是人学业成功、事业有成的心理基础。智力是注意力、观察力、思维力、想象力和实践能力的总和。大多数智力正常的人能取得较好的成绩，并能从中得到满足和快乐。心理健康的人能保持较浓厚的学习兴趣和求知欲望，树立信心，克服学习中的困难，保持一定的学习效率，并能从学习中获得满足感，这对提高智力有着积极的作用。

（2）适宜的情绪控制能力

情绪是人的一种主观体验。情绪稳定并且心情愉快是心理健康的标志之一，情绪的变化应由一定的原因引起，还要与情绪反应的程度相适宜。生活在社会这个大环境之中，会遇到各种各样的困难和挫折，产生各种各样的情绪。情绪影响人的健康、工作效率和人际关系。

一个人有消极情绪是正常的，也是难免的，关键是看我们如何看待它。心理不健康的人，常会陷入消极情绪而不能自拔，心理健康者则善于协调与控制情绪，因而心境良好，情绪稳定，敢于正视消极情绪，并对其加以控制。对于心理健康的人来说，能协调与控制情绪，能经常保持愉快、开朗、乐观、满足的良好心境，对生活和未来充满希望。他们虽然也有悲、忧、哀、愁等消极情绪，但能主动调节，能适度表达和控制情绪，喜不狂、忧不绝、胜不骄、败不馁。

（3）正确的自我意识

自我意识是指人对自己及自己与周围世界关系的认识和体验。自我意识是人格的核心，是心理健康的重要条件。心理健康的人既能看到自己的长处，也能看到自己的短处。在学习、工作中扬长避短，不断进步，在生活中同他人保持和谐。心理不健康的人往往在工作、生活中出现问题时过分为自己辩护，不愿意充分解剖自己，有时还会过分地自我拒绝，甚至认为自己活着都是毫无意义的。心理健康的人能够客观地认识和评价自我、他人、社会，具有良好的自我概念。他们既不会自命清高、妄自尊大，也不会自轻自贱、妄自菲薄。他们善于从客观环境中获取有价值的信息，完善自己，并且自尊、自信，对前途充满信心。

（4）坚定的意志品质

意志是指人自觉地确定目标，支配自己的行动，克服重重困难，以实现预定目标的心理过程。意志是人的意识形态的集中表现，是人个性的重要支柱，是事业成功的阶梯。做事过于优柔寡断、徘徊不前、思前想后，或不计后果、草率等都是意志不坚定的表现。

一个心理健康的人任何时候都对生活持积极的态度，不仅在顺境中对生活充满希望，而且在逆境中对生活也不会失去希望。面对各种困难，常常能选择积极的适应机制或者通过改变环境、进行心理咨询等合理方式使自己摆脱困难。心理健康的人生活目标明确、合理，自觉性高，意志坚定，心理承受能力强，既有实现目标的坚定意志，又有排除干扰的能力。

（5）和谐的人际关系

人际关系状况最能体现和反映人的心理健康状况，和谐的人际关系是心理健康必须具备的条件。心理健康的人，乐于与他人交往，易建立互助、互爱、互敬、积极的人际关系；能用尊重、信任、友爱、宽容、理解的态度与他人相处；能分享、给予、接受爱和友谊，与集体保持协调的关系。他们在交往中往往善于取人之长、补己之短，并且积极态度多于消极态度。心理不健康的人不能及时调整自己的心态，离群索居，在与他人交往中，心中只有自己而不为他人和集体考虑；或者不能以真诚、友爱、宽容的态度对待他人，而是对他人表现出猜疑、嫉妒，给自己增添烦恼和痛苦。

（6）良好的社会适应能力

良好的社会适应能力包括：①较好的适应自然环境的能力。②积极建立和适应周围人际关系的能力。③较好地适应家庭、学校和社会生活的能力，具体包括遇到问题能做出正确决定并解决问题，具有批判性思维，较好地控制情绪，能做到心理换位，能进行正常的人际沟通等。

心理健康状态良好的人，能够根据自己所处的现实环境，采取积极的态度。他们对社会现状有较清晰的认识，勇于适应社会，从而达到实现自我和奉献社会的统一。具有良好心理健康状态的人能和社会保持协调的关系，目标、思想、信念、行为与社会发展的步伐相一致，一旦发现自己的愿望、需要和社会现实发生冲突时，能及时调节自己的愿望、需要。

（7）人格健全

人格是指人的整体精神面貌。人格完整是指构成人格的要素，如气质、能力、性格、理想和信念等各方面发展均衡。人的心理健康在很大程度上体现为人格的健康，人格是一个人比较稳定的心理特征的总和。心理健康的最终目的是实现人格的完整，即培养健康的人格。健康的人格就是宽容、悦纳、善待他人，不斤斤计较、怨天尤人、百般挑剔，有自知之明，能正确评价自我，即有正确的人生观和价值观。

（8）心理表现特征符合该阶段生理发育水平

人在每个年龄阶段都有该年龄阶段的特点。在生理发育的不同年龄段，都有相应的心理行为表现。每个人的言行、举止、情绪、意志、认知都应与年龄特征基本相符。心理健康的人有与多数同龄人相符合的心理行为特征，心理不健康的人的心理行为常常会偏离实际年龄特征。值得注意的是，学生阶段是思维最敏捷、精力最充沛、情感认知最活跃的阶段。因此，在这个阶段，心理健康的人在行为上常表现为朝气蓬勃、精力充沛、反应敏捷、勤学好问、乐观进取、喜欢探索、自我完善，而过于老成、过于幼稚或过于依赖都是心理不健康的表现。

（9）注意力集中度

注意力是一切行动取得成功的心理保证。如果一个人缺乏注意力集中和保持稳定的能力就不能很好地完成目的的行动。一般 5～7 岁可连续注意时间约为 15 分钟，7～10 岁为 15～25 钟，10～12 岁为 25～30 分钟，12 岁以上约为 30 分钟，甚至更长。

（10）基本需求的满足

在不违背社会伦理道德规范和法律的情况下，能恰当地满足个人的基本需求，有限度地发挥自己的个性。

2. 异常心理的区分标准

异常心理既反映为个人自我概念和某些能力的异常，也反映为社会人际关系和个人生活上的适应障碍。要清晰地判别正常心理和异常心理，并不是一件容易的事情。

目前最常用的区分标准主要有如下几种：①自我评价标准。如果自己认为自己有心理问题，那么这个人的心理可能不会完全正常，但一般不会出现太大的问题。心理基本正常的人，完全可以察觉自己的心理活动和自己以前的差别、自己的心理表现和别人的差别等。这种自我评价在精神心理科叫自知力。②心理测验标准。心理测验是通过有代表性的取样、成立常模样本、检测信度、检测效度等，形成测评量表，这样可以在一定程度上避免专家的主观看法，但是，心理测验也存在误差，目前并不能代替医生的诊断。③病因病理学分类标准。这种标准最客观，是将心理问题当作躯体疾病一样看待的医学标准。如果一个人身上表现出来的某种心理现象或行为可以找到病理解剖或病理生理变化的依据，则认为此人有精神疾病。其心理表现则被视为疾病的症状，其产生原因则归结为脑功能失调。④外部评价标准。人的心理活动总是反映在生活的各个方面，专业人员也可以通过各种表现判断当事人是不是有问题。⑤社会适应性标准。在正常情况下，人体维持着生理、心理的平衡，人能依照社会生活的需要适应环境和改造环境。因此，正常人的行为符合社会的准则，能根据社会要求和道德规范行事，亦即其行为符合社会常模，是适应性行为。如果由于器质的或功能的缺陷使得个体能力受损，不能常按照社会规范行事，致使其行为后果对本人或社会造成不良影响的时候，则认为此人心理异常。

3. 心理异常的判定与表现特征

（1）心理异常的判定

一个人若患有心理疾病，首先表现为行为反常，即在没有智力迟滞和精神失常症状的情况下其行为与所处的社会情境相违背，行为显著异于常态，妨碍其对正常社会生活的适应。一般表现为质量上的或是数量上的反常。其次表现为适应不良，根据适应不良的标准，如果一个人的行为严重影响了其学业、工作或生活，那么，他将被视为患有心理疾病。例如，一个患有"广场恐怖症"的人，其特征是害怕出现在公共场所，这种人可能会害怕离开家里，这也许会导致其与朋友疏远、休学或退学，但适应不良行为并不一定就是某种心理疾病的症状，这也要根据具体情况而定。再次表现为个人的忧伤和烦恼，这一标准是根据一些主观感觉来判断一个人是否患有心理疾病。不过，一般说来，这些主观感觉的持续时间及严重程度常常显得更为重要。

要给心理疾病制定一个判断标准是困难的，不过，上述标准是判断一个人是否患心理疾病的有力方法。

（2）心理异常的表现特征

忧郁：由于种种原因，心理异常的人会有闷闷不乐、愁眉苦脸、沉默寡言的表现。如果长期处于这种状态，应当予以充分重视。

狭隘：即斤斤计较，心胸狭窄，不能容人也不理解别人。对小事耿耿于怀，爱钻牛角尖。

嫉妒：当别人比自己好时，表现出不自然、不舒服甚至怀有敌意，更有甚者竟用打击、中伤手段来发泄内心的嫉妒。

惊恐：如怕针、怕黑。轻者心跳加快、手发抖，重者睡不着觉、失眠、梦中惊叫等。

残暴：自己不快，便向别人发泄，有的则以戏弄别人为乐，对别人冷嘲热讽，没有温暖之心。

敏感：即神经过敏，多疑，常常把别人无意说的话，以及不相干的动作当成对自己的轻视或嘲笑，并为此喜怒无常，情绪变化很大。

自卑：对自己缺乏信心，认为自己在各方面都不如别人，无论在学习上，还是在生活中，总认为自己比别人低一等，抬不起头来。这种自卑严重影响了情绪，使自己处于压抑之中。

4.心理健康的标准

关于心理健康的标准，各国学者提出了不同的理论依据和判定标准，而我国根据国情和社会经济发展的需要，根据国内最新的研究结果，认为心理健康的主要特征应包括以下八个方面：①智力正常。能正确、客观地认识自然和社会，头脑清醒，能以积极、正确的态度面对现实中的问题、困难和矛盾，既不回避，也不空想。②情绪反应适度。情感表现乐观而稳定，心胸开阔，对一切充满希望，既不为琐事耿耿于怀，也不冲动莽撞，能保持平常心，以愉悦的情绪去感染人。③意志品质健全。具有一定的自觉性、独立性和自制力，既不刚愎自用，也不盲从寡断；在实践中培养自己的毅力，经得起挫折与磨难的考验。④自我意识正确。有自知之明，在集体中自信、自尊、自重，少有自卑之心，也不傲视他人；对自己的优缺点有正确的认识，在实践中不断开发自己的潜力以实现自己的理想与人生价值。⑤个性结构日趋完善。个性是一个人经常的、本质的、和他人相区别的心理特点的综合。它包括心理倾向性（如需要、动机、兴趣、意志、人生观等）及个性心理特征（如能力、气质、性格等）。人的生活条件、受到的文化教育、从事的生产与社会实践越是优越、丰富、完善，人的个性结构的日益完善也就越有保证。国家重视将青少年教育从以往的应试教育转向全面的素质教育，这就为人的个性结构的日趋完善创造了更好的条件。⑥良好的人际交往。乐于和善于与人交往，能和大多数人建立良好的人际关系，重视友谊，不拒绝他人的关心与帮助。与人相处时积极态度（如热情、坦诚、尊重、信任、宽容）多于消极态度（如嫉妒、冷漠、怀疑、计较）；能很快适应新环境，与他人打成一片。⑦行为得体。生活态度积极，珍惜一切学习与工作的机会，行为上独立自主，不以他人的好恶作为个人行事的依据，既不盲从，也能拒绝诱惑，能做到"有所为有所不为"。⑧反应适度。对外界事物的反应是积极的，不冲动、毛躁，也不敷衍塞责。

# 第二节　运动心理学的基本理论

运动心理学是研究人在从事体育运动时的心理特点及其规律的心理学分支，它与体育学、体育社会学、运动生理学、运动训练理论和方法等有着密切的联系。其主要任务是研究人们在参加体育运动时的心理过程，如感觉、知觉、表象、思维、记忆、情感、意志的特点，及其参加运动的作用和意义；研究人们参加各种体育运动项目时，在性格、能力和气质方面的特点及运动对个性特征的影响；研究体育运动教学训练过程和运动竞赛中人们的心理特点。随着认知心理学、人格心理学、社会心理学、发展心理学及健康心理学的发展，运动行为的研究更侧重技能学习与控制和技能发展。在研究方法上也从对单个动作的研究，发展到联系运动实践、提高运动效能的研究。

# 一、运动中的感知觉

## （一）运动中感知觉的基本特征

感觉是在事物的直接影响下，人脑对事物个别属性的反映，是最简单的认识过程，它反映的只是事物某一方面的特性。人们很难获得单纯的感觉，因为事物的个别属性总是作为一个方面与整体事物同时被反映。

感觉虽然是一种简单的心理活动，但却十分重要。首先，感觉向大脑提供内外环境的信息。人通过感觉可以了解外界事物的各种属性，保证身体与环境的平衡。这一问题由"感觉剥夺"实验证实。其次，感觉是一切较高级、较复杂的心理活动的基础。人的复杂的认识活动都必须借助感觉提供的材料才能顺利进行。因此，感觉是认识客观世界的开端，是知识的源泉。

### 1. 感觉的生理机制

神经生理学认为，感觉的产生是分析器工作的结果。分析器是人感觉和分析某种刺激的整个神经系统。分析器由三个部分组成：①感受器。它将感觉器官接收的各种适宜刺激转换成生物电。②内导神经。它将生物电向中枢传递，并且由它构成的复杂神经网络对传入的信息进行初步加工。③大脑的皮质及皮质下代表区域。传入的信息在此进行复杂的分析和综合，从而形成各种感觉。

感知觉由低级到高级可分为三个水平：感觉水平、知觉水平、观察水平。感觉是人脑对当前直接作用于感觉器官的客观事物的个别属性的反映，是感知觉的低级水平。知觉高于感觉水平，却又以感觉为基础，它并非感觉的简单相加。在体育学习中，感知觉的基本特征表现为对刺激物（客观事物）分析、综合的有机结合，它是多个复合信息源、多个分析器协同活动的结果，同时，知觉在一定程度上受个体知识、经验及各种心理特点（兴趣、需要、动机、情绪等）的制约，使得个体感觉水平存在差异。

## 2. 感觉分类

人们依据刺激物的来源和产生感觉的分析器，将感觉分为外部感觉和内部感觉。外部感觉是由外界刺激引起的感觉，其感受器位于身体的表面或接近表面的地方，包括视觉、听觉、嗅觉、肤觉、味觉。内部感觉是指反映身体各部分运动变化及内脏器官状态的感觉，其感受器位于体内组织里或内脏器官的表壁上，包括运动觉、平衡觉和机体觉。

（1）运动中的感知觉

视觉：在运动中，视觉对球类运动员具有重要意义。对方队员、同伴队员在场上运动，要准确地观察运动中的空间、方位和距离上迅速变化的各种关系，才能建立正确的行动定向。有研究表明，优秀篮球运动员的闪光临界融合频率高于一般运动员和普通人。闪光临界融合频率越高，表明视觉灵敏度越高。宽阔的视野对于大场地集体球类项目十分重要。视野是指眼睛注视正前方某一点时所能感知的空间范围（以"度"为单位）。不同项目的运动员和经常从事运动的人瞬间客体知觉的数量不同。有文献表明，橄榄球四分卫和篮球后卫的视野范围要高于其他位置的运动员。

听觉：在运动中，听觉对运动员具有重要意义，对方队员、同伴队员在场上运动，通过各种声音信号进行战术配合屡见不鲜。

触觉：这里所说的触觉是指经常运动的人，经过长期的锻炼和训练所形成的专项触觉。如田径运动员的"速度知觉"，游泳运动员的"水感"，球类运动员的"球感"等。篮球、排球运动员的触觉体现在手掌和手指上；足球运动员的触觉体现在脚背和脚内侧。体育教学中的触觉体现在教师和教练通过阻力和助力帮助学生体会动作到位的过程中。

平衡觉：人类在日常生活中处于清醒状态时，头部都是保持与地面垂直的状态，即使偏离也是短时间和小幅度的，但是在有难度的项目中，如体操、跳水、武术、花样滑冰及撑竿跳高等项目中，运动员在完成倒立、旋转和翻腾等动作过程中，要改变头部的日常习惯位置，身体保持一定姿势，对运动员的平衡感知能力提出很高的要求。因此，运动员需要在长期训练中，培养精确感知自己身体位置变化的能力。

（2）感受性及其变化

感受性和感觉阈限：感受性是指分析器对刺激物的反应能力，是用感受阈限的大小来度量的。感受阈限是指能引起感觉的，持续一定时间的刺激量。

绝对感受性和绝对感觉阈限：并非任何强度的刺激都能引起感觉。我们通常把刚刚能引起感觉的最小刺激量或最小强度，称作绝对感受阈值；把刚刚能引起差别感觉的刺激物间的最小差别量，称作差别感受阈值。那种刚刚能反映最小刺激量的能力，叫作绝对感受性。二者成反比关系，即绝对感觉阈限越小，表明绝对感受性越大；相反，绝对感觉阈限越大，表明绝对感受性越小。它们之间的关系可以用公式表示：$E = 1/R$。$E$ 代表绝对感受性，$R$ 代表绝对感觉阈限。

差别感受性和差别感觉阈限：刚刚能引起差别感觉的刺激物的最小差别量，叫作差别感觉阈限。那种刚刚能反映刺激物的最小差别的能力，叫作差别感受性。两者之间成反比关系，即差别感觉阈限越小，差别感受性越大；反之，差别感觉阈限越大，差别感受性越小。在中等强度刺激范围内，差别感觉阈限与原刺激量的比值是一个常数。用公式表示：$K = \Delta I/I$，其中 $I$ 为原刺激量，$\Delta I$ 为差别阈限，$K$ 为常数。这一公式就是韦伯定律。

（3）感受性变化的规律

运动项目不同，对运动员的感受性要求也不同。感觉适应对于学生和运动员来说具有特殊的意义。

第一，感觉适应。感觉适应是由于刺激物对感受器的持续作用，而使感受性发生变化的现象。其变化规律为：在一般情况下，弱刺激的持续作用可以提高感受性；强刺激的持续作用可以降低感受性。例如，视觉的明适应与暗适应、触压觉的适应、温度觉的适应、痛觉的适应等。

适应可以引起感受性的提高，也可以引起感受性的降低。人周围环境的变化幅度巨大，适应机制使人能够在变化的环境中比较容易地进行精细分析，从而得出较准确的反应。

适应现象存在于一切感觉中，但是在各种感觉中适应的表现和速度有所不同。运动训练与身体锻炼就是体能与机能对于运动负荷刺激的适应。

第二，感觉的相互作用。感觉的相互作用是指一种分析器在其他分析器的影响下感受性发生变化。一般规律是：对于某种刺激物的感受性可以因同时起作用的其他微弱刺激的影响而提高；反之，同时起作用的其他强刺激则会引起感受性的降低。例如，强噪声可以降低人对光的感受性，微弱的声音可以提高视觉感受性。

对比：感觉的相互作用也可以发生在同一分析器内部所产生的不同感觉之间，即感觉的对比。例如：对主队与客队运动衣的颜色进行对比。此外，还有同时对比和继时对比。

联觉：联觉是指一种感觉引起另一种感觉的现象。它是感觉的相互作用的另一种表现。如对音乐有一定造诣的人，听到音乐就会产生相应的视觉，色觉也可以引起温觉。

补偿：不同的感觉之间存在广泛的相互补偿现象。当某种感觉受损或缺失，其他感觉进行补偿。例如，盲人的听觉特别灵敏，聋哑人的视觉特别灵敏等。

3. 知觉水平

感觉是知的基础，知觉高于感觉水平，知觉的信息源是多维的。通过多个感觉系统的协同活动，获得身体在运动中的复杂知觉。复杂知觉按其所反映对象的性质可划分以下几个部分：时间知觉、空间知觉和运动知觉。

时间知觉：对时间、速度、顺序性的反映。

空间知觉：①形状知觉，靠触摸和动觉判断形状。②大小知觉，靠视觉、触摸和动觉判断大小。③深度知觉，靠视觉、触摸和动觉判断相对距离。④方位知觉，判别身体相对于物体所处的位置。

运动知觉：本体运动感知觉、专项运动知觉等。

（1）时间知觉

时间知觉与时机掌握：掌握时机在体育运动中很重要，如排球运动中的扣球、拦网，篮球运动中的抢断球、篮板球和盖帽等，都需要运动员具备准确的时间知觉，以帮助掌握最佳的起跳时机。排球运动中的"时间差"，就是利用对方拦网队员时间知觉的误差来达到进攻目的。

时间知觉与情绪态度：人在估计时间时所产生的误差常常与主体情绪有关，如比分领先，情绪高涨时就感觉时间过得快；比分落后，情绪低落时就感觉时间过得慢。

时间知觉与节奏知觉：节奏知觉也是一种时间知觉，节奏知觉往往是运动员控制自己动作节奏的先决条件。在周期性运动项目中，如自行车、赛跑、游泳、速滑等，身体的节拍性运动和计数运动有助于判断时间。人们习惯将伴随节拍性动作和口头计数所产生的动觉刺激作为衡量时间的信号，以此补充和提高知觉时间能力。

（2）空间知觉

空间知觉是指反映物质空间特征的知觉，包括形状、大小、距离等。所有运动项目随时都需要在空间知觉的帮助下进行，运动员需要通过长期的训练提高空间知觉的准确性。如跳高、跳远和跨栏运动员为了在助跑和栏间跑的最后一步准确踏在预定位置上，在全程跑的过程中，始终要通过空间知觉精确控制自己的步幅；球类运动中的射门、投篮、扣球、抢断、突破过人等，运动员必须首先判断出球、对方、同伴队员与自己的空间特征和彼此之间的关系，然后才能选择战术并行动。

（3）运动知觉

运动知觉是人脑对外界事物和人体自身运动状态的反应。对外界事物运动状态的反应称作客体运动知觉，对人体自身运动状态的反应称作主体运动知觉。运动知觉包括本体运动感知觉和运动专门化知觉。

本体运动感知觉。本体运动感知觉是运动者对自己身体各部分运动和位置变化的感知，是综合了运动觉、平衡觉、视觉、听觉、触觉等多种感觉信息后，再经过分析、加工所获得的复杂知觉，是完成身体运动的前提。其包括以下几个部分：①本体运动感知觉——躯干的弯曲、伸直、四肢动作、头部位置变化等。②本体运动形态感知觉——直线运动、曲线运动、运动幅度等。③本体运动方位感知觉——运动的空间方位，上下、左右、前后等。④本体运动时间和速度感知觉——时间长短、间隔、节奏、速度等。⑤本体运动用力感知觉——阻力、重力和助力。

运动专门化知觉。运动专门化知觉是在长期的专项训练和运动实践中形成与发展的，如"球感"（球类运动）、"水感"（游泳、跳水等）、"器械感"（体操）、"时间感"（短跑、中跑等）、"距离感"（跳高、跳远等）等。运动专门化知觉是在感受器及中枢神经协同活动下形成的判别感受性高度发展的基础上形成的。运动专门化知觉越来越受人们的重视，其对提高运动成绩有着重要的作用。

4. 观察力

观察是一种为感知特定对象而组织的有目的、有计划，必要时需要采用一定方法的高水平的感知觉过程。它是一种主动积极的，往往与注意及思维密切联系的、紧张的、更加自觉的感知觉过程。它与第一信号系统、第二信号系统、思维相联系，因此，它也被称为思维的知觉。观察力一般被认为是智力的重要组成部分之一。观察是发展思维的良好方法与前提，培养和提高学生的观察力是体育教学与训练的重要任务之一。

5. 感知觉规律在体育教学中的运用

（1）在体育教学中运用错觉丰富学生的感性认识

错觉指人在特定条件下对客观事物的歪曲认知。理论上，研究错觉的成因有助于揭示人们正常认知客观世界的规律。从实践层面来看，研究错觉的成因有助于消除错觉对人类实践的不利影响。人们也可以利用某些错觉为运动训练和体育教学服务。

错觉的分类：大小错觉、形状错觉和方向错觉。

大小错觉。人们对几何图形的大小或线段长短的知觉，由于某种原因而出现认知错误的情况，叫大小错觉。具体包括：①缪勒莱耶错觉，也叫箭形错觉。②潘佐错觉，也叫铁轨错觉。③垂直中线错觉。④贾斯特罗错觉。⑤多尔波也夫错觉。

形状错觉和方向错觉。具体包括：①佐尔拉错觉。②冯特错觉。③波根多夫错觉。

体育教学训练中错觉的应用。精心、合理布置场地、器械，吸引学生的注意力，利用错觉，影响学生对大小、距离、色彩等的判断，从潜意识层面调动学生学习的积极性，使其产生愉悦感，进而提高教学效果。具体方法如下：①利用颜色错觉，如白色显大，黑色显小；白色显轻，黑色显重。②利用时间错觉。快乐、有趣的时间过得快；枯燥、乏味的时间过得慢。③利用颜色对比。利用色彩对比突出教学重点。④利用宽度、高度等错觉。跳高练习中拉开立柱，适当加宽横竿长度，使学生感觉高度降低；跳远练习中，利用助跳板发展学生的感受力。

（2）运用知觉的特征来提高学生知觉的品质

运用知觉特征提高学生的知觉品质，可以从以下几个方面着手。

第一，利用知觉的选择性。知觉的选择性是指人从纷繁复杂的环境中把某些事物或现象当作知觉对象，而把另一些事物或现象当作知觉背景。

在教学中，教师可以有意使知觉对象和背景形成鲜明的对比，如使用彩色粉笔、增大重要内容的字号、在重要部分添加标记等，从而提高教学效果。考虑到刺激物的强度，教师在讲课时声音应洪亮，语速适中，板书清晰，确保全班学生都能清晰感知。

第二，利用知觉的理解性。知觉的理解性是指人在感知一些事物或现象时，不仅能形成关于它的知觉形象，还能根据自己已有的知识、经验对事物加以解释或判断。

教师在教学活动中应联系学生已有的知识经验，如通过案例分析、小组讨论等方式，让学生将新知识与已有知识相结合，从而提高教学效果。

第三，利用知觉的整体性。知觉的整体性是指把事物或现象的各种属性或各个部分作为一个统一的整体来反映。

教师在教学中应注意整体与部分的关系，使学生能从整体性方面认知事物。例如，在汉字的教学中，教师可以对字形相近的字进行区分，强化字体之间有差异的部分，避免学生混淆。

第四，利用知觉的恒常性。知觉的恒常性是指客观事物本身不变，但知觉条件在一定范围内变化时人的知觉映象仍然相对不变。这一特征使学生能在不同情况下按照事物的本来面目认识它们，教师在教学中可以利用这一点，帮助学生形成对事物的稳定认识。

第五，交替使用多种感官感知对象。引导学生使用多种感官去感知同一个知觉对象，从不同感官获得的信息传递到大脑，使学生获得对事物的全面的认识。

教师在教学中可以设计多感官参与的教学活动，如让学生观察实验、动手操作、小组讨论等，以提高学生的知觉品质。

第六，针对听知觉能力进行专门训练。对于听知觉能力较弱的学生，可以进行专门的训练，如听知觉辨别力训练、听知觉记忆力训练、听知觉排序训练、听知觉理解力训练和听说结合能力训练等。这些训练可以帮助学生提高专注力，增强对声音信息的处理能力。

### （二）关于运动表象

运动表象是在运动感知的基础上，在大脑中重现的动作形象或运动情境。它反映运动动作在时间和力量方面的特点。运动表象与过去的运动感知紧密相连，重现时可能唤起多种感觉运动，不仅能够产生过去的动作形象，而且能够产生肌肉运动的体验。运动员高超技能的发挥、运动情境体验的"历历在目"，对于运动记忆有着非常重要的作用。在体育教学中，体育运动的技巧和方法主要是以运动表象和动作概念的形式传授给学生的。运动表象是运动记忆的前提，运动表象来源于人对自己的运动动作的知觉，以及对别人的动作和图画中的动作姿势的知觉，也可以通过对已有的运动表象进行加工改组来创造新的运动形象。

#### 1. 运动表象的特点

运动表象具有直观性和概括性的特点，它与获得知觉的动作形象相似，而且反映某一类动作形象的共同特征。因此，它是运动感知向动作概念过渡的中间环节。练习运动技巧的目的之一就是促使学习者形成和巩固运动表象，因为运动表象是人独立完成运动的"蓝本"，只有形成了正确的运动表象，练习者才能准确、熟练、自如地掌握相应的运动技能。由于运动表象与运动感知紧密相连，因此加强运动表象练习有利于动作感知的分化，从而有利于提高运动技能。

#### 2. 运动表象的表现形式

随着技能练习的进一步深入，肌肉感觉逐渐清晰，练习者的动作越来越熟练，运动表象也越来越明确。它以两种形式表现出来：①概括表象。包括动作的主要时机和基本环节。②细节表象。是指各环节所特有的时机和时间、空间、力量等因素的精细分化与协调配合。

可以说是概括表象和细节表象指导练习者独立、完整和准确地掌握运动技能。当运动技能已经巩固、神经系统和肌肉感觉之间建立了稳定的联系之后，练习者在进行运动时，就会出现念动动作，即在头脑中呈现某个动作的运动表象时，能够唤起相应的神经冲动和微弱的肌肉活动。念动动作的出现，标志着运动表象的明确。

### 3. 运动表象的种类

运动表象主要是由视觉表象和动觉表象，内部表象和外部表象组成，其中动觉表象占较多的比重。视觉表象与动觉表象以及内部表象与外部表象，对掌握运动技能有着特殊的重要性。

视觉表象与动觉表象：视觉表象指在大脑中重新出现的视觉形象；动觉表象指在大脑中重新出现的肌肉运动形象。与其他表象（如听觉表象、味觉表象）相比，动觉表象在运动操作环境中起着更为重要的作用。

内部表象与外部表象：内部表象是以内心体验的形式表现自己正在做各种动作，以自己的内部知觉为基础，感受自己的运动，却"看不到"自己身体外部的变化。内部表象实质上是动觉表象。外部表象指从旁观者角度看表象的内容，突出的是视觉表象。

### 4. 体育教学中运动表象的形成

在体育教学中，学生对于技术动作的掌握首先是从建立视觉表象开始的，学生在学习中通过观察教师示范，在大脑中建立该动作的视觉表象。由大脑处理后，学生以教师示范形成的视觉表象为线索进行模仿性练习。这时的学生由于刚刚建立起视觉与动觉的暂时联系，这种联系是不稳定的，其兴奋与抑制都呈扩散状态，学生也就很难做出协调、优美、准确的动作，只是简单地体验一下动作。学生最初形成的视觉表象是不清晰、不稳定的，随着教师的讲解和学生的反复练习，学生的视觉控制逐渐减少，随意控制逐渐增加，运动表象逐渐清晰明了，稳定性也越来越好。由于稳定性是相对的，因此还需要反复练习，及时校正视觉信号，以使运动表象更加清晰、稳定。

## 二、体育学习中的特殊记忆

体育学习中的记忆是一种以身体的运动状态或动作形象为内容的特殊记忆。它是形象记忆的一种，只是记忆的对象不是静态的人物、物体或自然景物的直观形象，而是各种运动的动作形象。由过去的运动动作或操作动作所形成的运动表象是运动记忆的前提。如果没有运动表象，就没有运动记忆。动作形象可以长期保持并在劳动和生活中起重要作用。人们在劳动实践中学会各种劳动技能，在体育运动中掌握各种运动技能以及其他领域的各种技巧，都必须依靠运动记忆。

### （一）运动记忆

#### 1. 记忆的概念

个体对其经验的识记、保持及再现的心理过程称为记忆。记忆是一个完整的过程，包括"识记、保持及再现"三个环节。记忆作为一种重要的心理过程，贯穿在人的各种心理活动之中，它在保证人的正常生活方面起着重要作用。记忆不仅能使人积累经验，学习新知识以适应不断变化的环境，而且在个体的发展以及个性特征的形成中也起着决定性作用。记忆可使人过去和现在的心理活动连成一个整体，如果没有记忆，那么一切心理发展、一切智慧活动都是不可能发生的。记忆按性质可分为不同的种类：①记忆的内容——形象记忆、词语逻辑记忆、情绪记忆、动作记忆。②记忆的目的——有意记忆、无意记忆。③事物的特点及内在的联系——意义记忆、机械记忆。

有心理学家将记忆与计算机作类比，认为记忆包括瞬时记忆、短时记忆和长时记忆。

瞬时记忆又称感觉登记，包括图像记忆和声音记忆。当外界信息进入感觉通道后，以感觉印象的形式短暂停留，为时不超过 2 秒。

短时记忆能保持的时间不超过 1 分钟。储存在感觉通道的信息大部分迅速消失，只有得到注意的小部分信息才能转成短时记忆。短时记忆的容量有限，仅为 $7 \pm 2$ 个，例如电话号码，只看一眼能记住 5～9 个数字。在短时记忆中，动作和空间形象的信息基本上以视觉形式编码，言语材料信息基本上以听觉形式编码。

长时记忆能保持的时间在 1 分钟以上乃至终生，容量极大，包括人所记住的一切经验。长时记忆里的材料是人对短时记忆里的信息反复编码加工的结果。

2. 运动记忆的概念

运动记忆也就是动作记忆。它是以身体运动为主要表现形式。运动记忆不同于对语言概念的记忆，它是以能否重做或再认外显的动作为标志。在运动实践中，记忆是一种复杂的综合记忆，既有逻辑记忆，又有形象记忆，还有动作记忆，它不仅有感知觉、思维的参与，还伴随情绪方面的记忆。这种以多种记忆共同参与的运动记忆，是对过去所感知的记忆，是以掌握熟练的运动技巧为基础，基本生理机制是动力定型的建立和保持。容易保持、恢复是运动记忆的特点。运动记忆在运动过程中对身体动作的知觉起着特殊作用。记忆是学习的基础和条件，在体育学习中所获得的运动记忆在运动技能的形成过程中起着决定作用，运动记忆的质量直接影响运动技能形成的效果。

## （二）运动记忆的遗忘规律

由于体育学习中记忆的特殊性，运动记忆的遗忘规律具有以下特征：①动作记忆的遗忘量远远小于词语记忆的遗忘量，这是因为动作操作的联想条件比较复杂，除了外界的各种信息之间的联系外，还有来自动作操作本身所引起的信息，因而提高了记忆的稳定性，动作记忆不易遗忘。②遗忘进程不同于词语记忆，词语记忆的遗忘规律呈"L"形，而动作记忆的遗忘规律在开始的 2 ~ 3 天经过一个"V"形起伏后，随时间的推移而逐渐减少。

记忆与遗忘是一个事物的两个不同方面。遗忘本身既可能产生消极作用，也可能产生积极作用。人所面临的信息量如此之大，远远超过人的处理和记忆能力。选择最重要的事件加以记忆，是一个人智力发展的表现。记忆是一种积极、主动的过程。它至少有四种作用：第一，改造信息，使之更合理；第二，简缩信息，使之更精练；第三，遗忘信息，减少消极情感、错误动作、错误定势、错误知识等的影响；第四，保存信息，使之持久。

　　在运动技能的学习过程中，遗忘信息十分重要。在任何项目的训练中，都有一个纠正错误动作的问题。运动员的某些错误动作常常非常顽固，难以克服。有时，记忆是不以人的意志为转移的，想忘也忘不掉。一个错误的动作定型，可能伴随运动员的整个运动生涯。因此，提高运动技能的过程，就是记忆积极因素和遗忘消极因素的过程。

　　动作记忆的特征是形成难、遗忘慢。这两个特征决定了学习者在初期学习和训练中，要特别注意建立正确的、稳固的动觉表象。这个建立过程要先慢后快，先难后易，以形成准确的运动记忆。

### （三）影响运动记忆的因素

　　影响运动记忆的因素包括：①明确的目的、任务。②情绪状态。③学习兴趣。④学习内容（数量与结构）。⑤学习环境（课堂气氛、动作语言、教学形式）。⑥个体差异（运动能力、生理状态、心理状态）。

## 三、关于运动技能

### （一）运动技能的概念

　　运动技能就是人体在运动过程中通过学习而获得的运动方式。有两点值得注意：第一，运动技能是通过学习获得的，它不是先天固有的。第二，运动技能是一种行为，它涉及许多心理学问题。运动技能调节、控制着操作动作的执行，是一种动作经验而非认知经验，同时又有别于心智技能，具有物质性、外显性与展开性的特征。

### （二）运动技能的分类

　　运动技能可分为闭式技能和开式技能两类。

　　闭式技能：表现为在完成某类动作时，基本上不因外界环境的改变而改变自己的动作。这类动作是周期性的重复动作。反馈信息主要来自本体感受器。

　　开式技能：由多种分析器参与工作，并汇总反馈信息。其中往往以视觉分析器起主导作用。

### （三）运动技能形成的时相

在体育学习中，运动技能的形成规律是通过四个阶段实现的，即泛化阶段、分化阶段、巩固阶段和自动化阶段。近年来有人把运动技能的形成过程分为粗略学习时相和精细学习时相。学习者通过反复学习与练习，最终即可在无意识控制下完成运动，形成运动记忆的动力定型，使之完全成为自身所拥有的熟练技能。

### （四）运动技能形成的特征

从运动结构的改变来看，运动技能形成表现为一系列的个别动作联合为完整的动作系统，动作之间的相互干扰现象和多余动作逐渐消失。从运动的速度和质量来看，运动技能形成表现为动作速度的加快和动作准确性、协调性、灵活性的提高。从运动的调节来看，运动技能形成表现为视觉控制作用减弱和动觉控制增强，甚至只依靠动觉控制，运动就能顺利完成。

### （五）运动技能形成的途径与方法

运动技能形成主要是通过练习和反馈来实现的，学习方法和学习条件也起着重要作用。因此，学习者要想提高学习效率，就必须掌握正确的学习方法，创造最佳的学习条件。

练习是运动技能形成的必经途径，练习与重复的最重要区别就在于目的性。练习方法选用得当，有助于提高学习效率，要达到高效率练习，必须从技能的性质、练习者的能力、身体情况及如何消除疲劳、克服遗忘等多方面的因素出发，来考虑练习的时间安排。练习者每次练习后，及时了解自己的练习结果，了解自己的优点和缺点，就能使正确的动作得到巩固，错误的动作得到纠正。这种结果的反馈对习得正确动作起着强化作用，对错误动作起着抑制作用，加速了动作的分化过程。

练习与练习曲线。在学习与训练中，各种运动技能的形成都有一个大致的趋势，就是学习成绩的逐步提高，主要表现在速度的加快和准确性的提高。学习效果（练习成绩）可以用练习曲线来表示。

练习过程的一般规律。在运动技能形成的过程中，不同运动技能的练习进程可能不一样，但它们之间又存在某些共同的规律和特点，具有一般的发展规律和趋势。具体如下：①进步是先快后慢的。主要原因是开始练习时利用旧的经验和方法，把复杂的任务进行分解后练习，再加之练习者练习兴趣浓，情绪饱满，学习认真，但到了后期可利用的经验减少。整体技能动作可能与单个动作有所不同，需要的神经联系增多，进步的难度增加，成绩提高缓慢。②进步是先慢后快的。练习者在某些运动技能的学习中会出现练习初期进步缓慢，以后逐渐加快的现象，呈正向的加速趋势。造成这种现象的原因可能是这类技能与个体过去所获得的经验相去甚远，可利用的运动程序有限，练习者必须建立新的神经联系，还要克服其他动作程序的干扰，但是，一旦掌握基本技能程序，进步速度就会明显加快。③进步是前后比较一致的。随着练习时间的推移，进步比较稳定。④高原现象。个体练习成绩的提升进度并非一直很快，有时会出现暂时停顿的现象，这种现象叫高原现象。其主要表现是练习曲线在某一阶段停滞不前，甚至有些下降，但经过一段时间的调整后，成绩又会提高。

### （六）影响运动技能形成的相关因素

经验与成熟度。经验与成熟度直接影响动作技能学习的效果。

智力。不同类型的动作技能对智力的要求是不同的。智力水平的高低在一定程度上决定了学习新技能的速度和深度。

个性。个性特点对运动技能的选择和表现有重要影响。例如，内向型性格的人可能更适宜从事射击、射箭等需要静心的项目，而外向型性格的人则可能更适宜集体性体育活动。

运动能力。运动能力的个体差异首先体现在身体发育上的差异，包括年龄与性别间的差异。其次是相同年龄与相同性别的个体间的运动能力差异，如力量、速度、耐力等。

技能的指导与示范。有效的指导与示范是运动技能学习的重要条件。示范必须展示技能的重要特征，将动作示范与言语指导结合起来，更有利于动作技能的学习。

练习。练习是影响动作技能形成的重要因素。练习曲线通常有三种表述方式：练习次数与完成动作所需要时间的关系；练习次数与单位时间内完成练习的关系；练习次数与错误量的关系。练习过程的一般规律包括：练习进步的快慢、练习进步的速度比较一致、高原现象等。

反馈。反馈对动作技能的获得起着两方面的作用：一是促进作用，因为反馈能提供关于技能操作成功程度的信息，使学习者能够确定并选择适宜的运动方式；二是激励作用，即激发学习者向目标持续努力。

## 三、运动中学生思维能力的发展

### （一）思维的特征、分类与品质

1. 思维的特征

思维是人脑对客观事物间接的、概括性的反映，它所反映的是客观事物的本质特征和内在联系，是认知的理性阶段，是复杂、高级的认知过程。

思维具有间接性和概括性的重要特征。思维的间接性就是借助已有的知识经验，理解和把握那些没有感知到或根本不可能感知到的事物，预见和推理事物发展的过程；而思维的概括性就是把同一类事物的共同特征和本质特征抽取出来加以概括。在人的智力结构的五种因素（即观察力、注意力、记忆力、想象力、思维力）中，思维是智力活动的核心，虽然另外四种因素为思维的发展提供了信息资源，但离开了思维这个动力源泉，其他活动也只能停留在较低层次的水平上。

2. 思维的分类

思维可以分为动作思维、形象思维和抽象思维三大类。以行动为支柱的思维，称为动作思维，它是在动作中发生，在动作中进行，随动作的停止而结束；形象思维根据表象进行思维活动，它的基本单位是表象；在大脑中，通过分析、综合、比较、抽象和概括，进而产生的形象和创造新形象的思维，称为抽象思维。

根据逻辑形式和规则，思维又可分为非形式逻辑思维和形式逻辑思维两大类。非形式逻辑思维是指没有明确的逻辑过程，迅速对问题的答案做出合理的猜想、设想和"顿悟"，也称为直觉思维；形式逻辑思维是指具有明确的逻辑过程，遵循一定逻辑原则的思维，也称为抽象思维。运动中的思维是以非形式逻辑思维为主的。

3. 思维的品质

思维的品质是指人与人在思维活动中所表现出来的个体差异。主要表现在以下几个方面。

思维的广阔性——广度。思维的广度是指在思维活动中能够全面地看问题，着眼于事物之间的关联，从多方面分析和研究，发现问题的本质。

思维的深刻性——深度。思维的深度指善于从纷繁复杂的表面现象中看到最本质、最核心的问题，对事物有深刻的理解。

思维的独立性——独立思考。思维的独立性指善于根据客观事实和观点检查自己的思维活动及思考的结果，具有一定的批判性。对于自己遇到的任何事，可以根据一定原则做出评价；在处理问题时，能够客观地考虑正反两方面的意见，既能坚持正确的观点，又能放弃错误的想法。这是一种既善于从实际出发，又善于独立思考的思维品质。

思维的敏捷性——迅速、灵活。思维的敏捷性指思维活动能够随客观条件的发展而变化，能及时修改原定计划、方案或方法，灵活地运用一般原理、原则。所谓的机智就是指思维的灵活性。运动员战术思维的敏捷性，表现为在瞬息万变的情况下，能够迅速做出战术决策。

思维的逻辑性——条理性。思维的逻辑性表现为思考问题时能遵循逻辑规律，论证条理清楚，有理有据，说服力强。

## （二）运动员的操作思维

1. 与实际操作相联系的分析与综合的思维

运动中的思维与一般思维的根本区别，就是在完成运动技术以及运用战术时，思维过程总是与实际操作相联系。这种思维，一是与动作技术相结合，称为动作思维；二是与战术运用相结合，称为战术思维。

在运动中无论是掌握技术、提升技能，还是自动化运用技能，都离不开思维活动，它与动作操作过程紧密联系。运动中的操作思维不是简单地再现已掌握的运动技术动作，而是临场的分析与综合，有多种感知觉的参与，需要通过整合来完成运动技术动作，这种整合就是把众多信息进行综合，从整体的角度进行决策和应答。

2. 运动直觉与场上意识

在运动中存在两种决策：认知决策和直觉决策。认知决策是在一般情境中进行的决策活动，以逻辑思维为主导，通过概率论或决策策略来进行决策。直觉决策是在快速运动、时间压力大和结果不确定的复杂运动情境中，运动员快速、直接做出具有然性特点的决策。在运动中，人们的决策往往不是完全依赖准确的知觉和严密的思维，而是运用直觉思维不停地判断和预测，如判断对手的意图和可能采取的行动，我们把这样的思维活动称为运动直觉。

运动直觉是个体在复杂的运动情境中，根据有限的信息，对问题做直接和迅速求解的思维。运动直觉的特征如下：①快速性。运动直觉经历的时间极短，甚至是在瞬间完成的。②直接性。运动直觉过程从现象直接到本质，没有经过严密的逻辑程序。③或然性。运动直觉所得结论或所作决策具有不确定性。④情境性。运动直觉多出现于带有一定压力的、复杂的竞争情境中。⑤信息受限性。在运动情境中，当先行线索不充分时，高水平运动员容易表现出运动直觉。

我们通常将良好的运动直觉称为预判及预测思维，主要表现为想象力和场上意识。场上意识是指在瞬间的某一运动情境中，能采取的最佳的、合理的应答反应。有良好意识的运动员能主动把握战机，做出最合理的动作。

这种场上意识发生于运动只完成动作技能之前，是一种在头脑中对运动客体和对自身动作的预测或推算。它的有效性依赖于对事件本身发展规律性的认识，以及预测时间的长短。体育运动中的场上意识（预测思维）包括对运动客体的预判和对自身运动的预判两种。体育运动中的场上意识需要进行长期与反复的练习才能实现。

3. 惯性运动与逆向运动的结合与交替促进右脑开发

随着脑科学技术的发展及知识的丰富，越来越多的研究证明，右半球与人类的创造性思维活动有密切联系。在体育教学中重视思维训练，易于促进学生想象力和创造力的发展。体育运动本身以身体运动为基础，大脑思维以惯性运动与逆向运动的结合与交替为特点，能够较好地开发和利用大脑右半球的功能。

### 4. 在运动中发展创新思维的策略

创造思维也是创新思维，是独特的、新颖的、解决问题的思维，是在大量已知信息的基础上，不因循守旧的、变化的、独特的思维。

创新思维是比一般的思维活动更高一层的心理活动，它不只是依靠已有的运动表象或有关条件的描述，而是在现有资料的基础上，解决问题，并有所创新。创新思维是有创见的思维，能通过思考产生具有创新性的答案。在竞技运动创造活动领域，创造力是指立异、改造和发明的能力，可以认为：创造力＝智力＋年龄＋创造动机＋创造方法＋相关知识。

发展创新思维是教师必须重视的主要内容，可以从以下六个方面抓起：①激发学生的学习动机和好奇心。②给予学生适度的心理自由。③尊重、培养学生的独立人格。④对比分析，发现本质。⑤多角度思考、解决问题。⑥灵活运用技术、战术；具有创新思维。

## 四、注意与运动表现

在体育运动项目中，注意控制是运动员需要掌握的最重要的心理技能之一，它在竞技运动中尤为重要。在竞赛时，当大量潜在的分心因素（包括各种声音、视觉画面、感受）出现时，保持良好的注意状态可以帮助运动员达到最佳的竞技水平。

### （一）注意概述

快速且准确地转移注意是运动员必备的素质之一。从广阔到狭窄，从外部到内部的连续而重复的心理转换过程，对注意控制的要求非常高。保持高度、持续的注意，具有良好的选择性注意能力和分配注意的能力，是运动员学习进步和竞赛获胜的重要保证。

### 1. 注意的概念

注意是心理活动或意识对一定对象的指向和集中。当一个人学习运动技能或参加比赛时，他的心理活动或意识总会指向和集中在一个对象上。也就是说，注意是心理活动或意识朝向某一方向活动，是对感觉输入的一部分信息做进一步的加工。注意的对象又是变化的。例如，当周围传来了嘈杂的声响，学生的注意力可能会从教师身上转移到这个新异刺激上。不过，在大多数时候，学生可以有意识地控制这种变化。

2. 注意的特点

（1）注意的选择性

注意的选择性是指人在每一瞬间，他的心理活动或意识，只能优先选取需要加工的对象，而忽略其余的信息。例如，在运动技能学习的初期，学生的注意范围非常狭窄，他们只能注意到局部动作的基本要领，而往往忽视了动作与动作之间的连接。再比如，参加体育比赛的运动员为了在比赛中获胜，就必须对相关信息进行优先选择，对无关信息加以排除。这些都是注意的选择性。

（2）注意的强度

注意的强度包括警觉性和集中性。注意的警觉性是指在特定的个别反应过程中所需要的最佳准备状态和对资源进行合理调整。例如，在足球比赛时，守门员应经常保持警觉，以防对方队员突然射门。注意的集中性强调在一定的时间内将注意维持在所选择的信息上的能力。例如，人在下围棋时，必须在较长的时间内将精力高度集中在棋局的排兵布阵上，避免受外界干扰和自我分心，这种紧张的注意集中状态需要大量的心理准备，时间一长难免会出现心理疲劳，以及警觉能力的下降。

（3）注意资源的有限性

注意是一种有限的认知资源，当个体同时操作两个以上的任务时，一旦所需资源超过了总资源量，将导致其中一个任务的成绩下降或几个任务的成绩同时下降。因此，个体在任务之间进行注意资源的调配，并且快速进行转移，这就是注意资源的有限性。注意资源决定执行任务的量与质，决定可执行任务种类的多少等。

**（二）注意的种类**

1. 根据有无预定目的、是否需要意志努力来划分

（1）随意注意

随意注意是指有预定目的的、需要一定意志努力的注意。由于随意

注意是有预定目的的注意，在体育教学中，学生对运动的目的认识越明确、越具体，就越容易引起和维持随意注意。因此，体育教师应重视学生对体育运动的兴趣，利用学习兴趣来引起和维持注意。同时，体育教师应建立严明的课堂纪律和主动探究的课堂气氛，这也有利于引导学生集中注意力。

在运动技能的学习过程中，学生的过去经验也是引起随意注意的一个影响因素。除此之外，不同个体在认知过程中的注意是不同的。例如，意志品质薄弱的人与意志品质坚定的人相比，他们往往无法在较长的一段时间内将注意力高度地集中在同一个学习目标上。

（2）不随意注意

不随意注意是一种没有预定目的的、不需要意志努力的注意，是一种被动的注意。此时，个体的积极性水平较低。引起人们不随意注意的原因包括刺激物自身的特点及意义等。

（3）随意后注意

随意后注意是在随意注意的基础上发展起来的，有自觉的目的，但不需要意志努力的一种特殊的注意形式。在体育教学中，随着教学的深入，学生的学习自觉性会越来越高。因此，学生在学习系统的持续时间长的运动技能时，随意后注意有助于他们将心理活动调节为服从当前的活动任务，这样能节省很多心理资源。在体育教学工作中，掌握并在实践中充分利用各种注意产生的条件和注意规律，发展和培养学生的注意，是教师的一项重要任务。

2. 根据人的心理活动是指向个体之外的周围环境，还是个体本身来划分

（1）外部注意

外部注意是指个体对周围刺激物的注意，它经常与知觉同时进行。外部注意在探究外部世界中起着重要作用，并以"对当前情况的警戒和准备"的姿态出现。这种准备状态有助于个体有效应对场上的变化和形势。

（2）内部注意

内部注意是指个体对自身身体和心理活动的注意。如在进行长跑练习时，学生经常会将注意集中在自己的肌肉活动状态和内脏的感受上，

而且在整个过程中，学生会对身体的反馈信号进行监控，这时的注意就是典型的内部注意。

### 3.Nideffer 的四种注意方式

美国运动心理学家 Nideffer 提出了一个有关注意的结构、个体差异与运动表现之间关系的注意方式理论。Nideffer 认为，根据人的心理活动指向的范围，注意的结构至少包括注意的广度和注意的指向性两个维度。

注意的广度又称注意的范围。它是指在刺激域中人能够注意到的刺激的数量，它存在于非常狭窄到非常广阔的连续体中。广阔的注意可同时获得多种信息，狭窄的注意则可过滤掉很多信息。注意的指向性是指人的注意指向外部刺激（如对手的信息、噪声等）或指向内部刺激（如思维活动和感觉等）。

（1）广阔的外部注意

这是一种能够较好地注意变化的情境，获取大量外部信息的注意方式。运用广阔的外部注意方式的个体能够在同一时间内有效综合大量外部信息。然而，这类个体容易产生信息超载，这常常使他们不能对自己观察到的快速变化做出相应的反应。开放性运动项目（如足球、篮球等）需要这种注意方式。

（2）广阔的内部注意

运用这种注意方式的个体非常善于思考，他能在头脑中很好地筹划比赛，并在比赛中迅速做出战术调整，能经常分析对手的行动并做出反应。但这类个体往往会陷入过多的分析状态之中，特别是当比赛进行得不顺利时更是如此。这类个体还易于过高地估计自己，从而错过比赛中的重要信息。

（3）狭窄的外部注意

这是一种将注意集中于有限的外部信息上的注意方式。运用这种注意方式的个体能够将注意有效地保持在外界的某一个事件或对象上。高尔夫球、保龄球、射击等需要注意力高度集中的项目，运动员多采用狭窄的外部注意方式。

（4）狭窄的内部注意

这是一种可以将注意集中于有限的内部线索（如自己的身体、思想）

上的注意方式。在体育运动中，这种注意方式包括将自己的注意指向完成技术动作时的某一感觉。狭窄的内部注意也是一种可以用于诊断竞赛发现或错误的方式。

注意能力存在个体差异，每个人倾向运用的注意方式不同。一般而言，不同的体育运动情境或不同的运动任务对个体的注意方式有不同的要求。因此，个体必须能够在不同的注意方式之间进行转换，以便满足不断变化的注意的要求。在理想状况下，一般运动员应能够满足大多数运动情境或任务对注意方式的需求。

### （三）注意对运动表现的作用

注意对运动表现的作用如下。

第一，过于专注的负面影响。过于专注过去的事件（例如射箭运动员比赛时总是在想过去的失误），表现会比能够专注于当下任务的人差。同时，过于专注未来可能发生的结果，这种未来的想法与担忧也可能产生负面的影响，进而造成失误与表现不佳。

第二，压力下的失常。在压力失常的情境下，运动员的唤醒水平过高，注意力会发生变化，进而会导致表现失常。

第三，过度从生物力学角度分析动作。对于高水平运动员来说，运动技能大致已经自动化，将注意全部放在生物力学的分析上，会破坏运动技能的自动化过程。

第四，疲劳和疼痛。疲劳和疼痛会消耗运动员为满足情境要求所需的认知资源，缩小注意的范围和阻碍注意的转移。

### （四）注意控制训练

1. 注意控制训练的概念

注意控制训练是一种旨在提高多维度注意技能的心理技能训练程序。Nideffer 等人根据有关唤醒、注意与操作表现的研究成果以及注意方式理论，提出了一套注意控制训练程序，并提供了一些针对高挑战性或应激情境的唤醒控制策略和注意集中策略。目前，注意控制训练是一种运用多种方法和技术来提高注意技能的训练程序，而且，其他心理技能训练程序也与其联系紧密。

2. 注意控制训练的作用

注意控制训练可以帮助练习者培养和发展体育运动与比赛所需要的注意技能，发挥注意的选择、维持、调节和控制作用，提高练习者的运动表现。有研究认为，注意的选择和分配技能可以通过多种技术来调节和控制。

3. 注意控制训练的方法

（1）为何要进行注意控制训练

有研究证明，唤醒水平的上升与注意范围的缩小相关。对于运动员来说，运用适宜的注意控制训练方法，能够促进运动成绩的提高。同时，许多教练也认为心理训练是提高运动成绩、保持成绩稳定的一种重要手段。

成功的运动员通常需要不断调整注意范围，使注意范围在不同的情境下适宜地缩小或扩大。例如，打篮球时的后卫必须有广阔的注意范围，把球传给无人防守的进攻队员，但是当站在罚球线上时，他又必须缩小自己的注意范围。

（2）注意控制训练的具体方法

注意控制训练的具体方法：①向练习者传授他们所参加运动项目所需的注意方式及特点。②对练习者当前的注意技能进行评价。③根据运动项目所需的注意要求，分析练习者注意技能的长处和弱点。④制订训练计划，帮助练习者提高注意的选择、转移、集中和分配技能。⑤通过练习，帮助练习者掌握和运用提高注意技能的各种方法和技巧。

# 第三节　运动与心理的关系

## 一、运动健身的心理学理论

在体育运动情境中，心理现象无处不在，既伴随着人的身体运动而发生，又影响着人的身体运动。严格来讲，体育心理学、运动心理学与锻炼心理学各自研究的侧重点不尽相同，但由于各自发展还没有完全形成完整、独立的理论体系，因此，在其研究范围内，相关心理学的概念、理论、研究内容及方法交叉、重叠的现象较为突出。下面所讨论的运动健身的心理学理论，主要借鉴体育心理学、运动心理学、锻炼心理学的研究理论与方法，以宏观层面的运动概念为基础，研究体育教育、运动健身、竞技运动中的心理现象，阐述运动参与对心理健康的影响。

## （一）运动促进心理健康的六项基本假说

有学者在前人研究的基础上归纳总结，提出了运动促进心理健康的六项基本假说，试图从理论层面揭示运动促进心理健康和身体锻炼产生心理效益的机制。六项基本假说是：认知行为假说、社会互动假说、分散注意力假说、心血管健康假说、胺假说、内啡肽假说。六种假说分别从心理机制、生理机制来说明运动和身体锻炼与心理健康的关系，但还没有一种假说可以为这种关系提供令人满意的全面解释。

1. 心理机制角度

认知行为假说：运动可以诱发积极思维和情感，对抑郁、焦虑等消极心境具有抵抗作用。

社会互动假说：锻炼中积极、愉快的社会交往和集体的健身运动具有缓解抑郁的作用。

分散注意力假说：参与锻炼，能够抵抗忧虑和挫折，转移注意力，进而缓解焦虑、抑郁等消极情绪。

2. 生理机制角度

心血管健康假说：运动可以增强心血管机能；促进血液循环；使体温恒定；保证神经纤维的正常传导。

胺假说：运动可以刺激大脑释放各类神经递质，对心理健康有促进作用。

内啡肽假说：运动促进大脑分泌一种具有类吗啡作用的物质——内啡肽，其具有镇痛作用。内啡肽可缓解抑郁、焦虑等消极情绪。

## （二）运动影响心理健康的生理学分析

如今很多人工作压力大，运动不足，身体很多易处于精神不振、神经紊乱、心理失常等亚健康状态。有科学研究证明，运动锻炼能有效增强体质，在强健体格的同时，还具有改善人的心理状态的可能性机制。其可能性机制有以下几种。

### 1. 生理机制

运动能够刺激身体释放多种神经递质和激素，如内啡肽、多巴胺、血清素等。这些物质对人的心理过程能产生积极影响。

例如，内啡肽是一种促进呼吸和血液循环的激素，它能够有效缓解焦虑，并通过镇静和愉悦的作用让人体感到舒畅和愉悦。

多巴胺的释放与快乐和满足感相关，而血清素则与情绪稳定和幸福感有关。

### 2. 认知机制

运动能够提高个体的认知能力，包括注意力、记忆力、决策能力等。这些认知能力的提高有助于个体更好地应对生活中的挑战。

通过运动，大脑可以得到更多的氧气和营养供应，从而改善神经元的连接，提高大脑的工作效率。

### 3. 心理机制

运动能够提供一种宣泄口，帮助个体释放负面情绪和心理压力。通过运动，人们可以将负面情绪转化为积极的身体活动，从而减少焦虑和抑郁等心理问题。

同时，运动带来的成就感和自我满足感能够提升个体的自尊和自信心。在运动中取得的进步和成功可以增强个体的自我认知和自我价值感。

### 4. 社会交往机制

运动中的社交互动也是影响心理状态的重要因素。参与集体运动或团队运动可以促进人与人之间的交流和合作，增强个体的归属感。

通过与他人的互动和合作，个体可以获得更多的正面反馈和支持，从而增强自信心和获得幸福感。

## 二、运动与锻炼产生的情绪体验

### （一）运动与锻炼带来的情绪效益

1. 运动后的即刻效益

（1）心境状态改善

心境是指具有感染力的微弱但较为持久的情绪状态。保持良好的心境状态是心理健康的重要标志之一。经常参与体育锻炼对维持良好的心境状态有积极的作用。有研究表明，30分钟的跑步可以显著改善紧张、困惑、疲劳、焦虑、抑郁和愤怒等不良情绪状态，使人的精力保持在较高水平上。还有研究表明，5分钟的步行也有助于改善人的心境状态。

（2）焦虑水平下降

焦虑是一种对当前或未来的威胁所产生的恐惧和不安而形成的情绪状态。有研究表明，行走、冥想以及在舒适的沙发上休息，20分钟后3组被试者的焦虑水平均有所下降。

（3）应激反应减轻和紧张状态缓解

可以从三方面来理解应激，首先，从能提高焦虑和唤醒水平的任何情景来理解；其次，因觉察到情境的威胁与自主神经系统唤醒的不愉快的情绪反应，通常是在个体感知环境要求和个体自身反应能力间不平衡时发生；最后就是从身体器官对环境刺激的任何反应来理解。紧张则是应激的一种反应形式。通过研究表明，运动产生的情绪效益并非自动产生的，运动负荷必须适量，否则便不会产生心理效益。

2. 运动所产生的良好情绪效益

积极参加体育运动，人体会从内心以及对技能控制的自我效能感两个方面产生良好的情绪体验，主要表现在三个方面，即最佳表现、高峰体验、流畅体验。

（1）最佳表现

最佳表现是指一个人在某项运动中的行为超越了其正常水平的现象，代表着个体卓越的机能和出色的行为。它可以促使人们产生对特定任务的胜任感、对技能控制的自我效能感。它存在于人们生活的各个方面，促使人们获得强烈的满意感和幸福感。

（2）高峰体验

高峰体验是一种理想的内部体验状态，在这种状态下，人会忘我且全身心地投入所参与的运动中，表现出不惜一切代价去参与该运动，包含着巨大的乐趣和参与运动时兴高采烈的情绪。其核心元素是享受，这种主观感受会影响人对生活的满意度。

（3）流畅体验

流畅体验是人在某项运动中，在个人能力与任务难度相匹配时产生的内在享受，是一种强烈的自我意识和冲破外阻力获得自由感的情感状态，充满喜悦、乐趣。流畅体验是个体生活中最兴奋、最满意和最有意义的时刻，能增加人的快乐并提高幸福感。

## （二）运动与锻炼产生的情绪效益的维持时间

有关体育运动与心理健康的关系，多数研究表明，长期的体育锻炼与短期的运动都可以产生良好的情绪效益，在一定时期内使个体保持心理健康。短期的运动并不能使消极心境发生长期的改变，只有长期的体育锻炼才能保持较长时间的情绪效益。长期的体育锻炼是指每天都进行或者定期进行的锻炼，这种锻炼要持续较长的时间。值得关注的问题是，短期的运动和长期的体育锻炼所产生的情绪效益能维持的时间为：短期的运动产生的情绪效益能维持的时间最多24小时，长期的运动产生的情绪效益能维持的时间最多15周。

锻炼的时间必须超过20分钟才能有效降低焦虑水平，身体训练比渐进性放松更能够有效降低焦虑水平（指因特定情境引起的暂时的不安状态），长期和短期的有氧练习均可以降低焦虑水平。身体锻炼必须坚持10周以上，才有可能降低特质焦虑（指一般性的人格特点或特质，它表现为一种比较持续的担心和不安）。身体锻炼控制焦虑和缓解抑郁的作用是同时产生的，无氧训练可以有效降低抑郁。

## （三）体育干预在改善情绪方面的效能与机制

现代社会竞争激烈，对人的心理品质提出了严峻的考验和更高的要求。不少人由于不适应竞争而出现了心理疾病，抑郁症是其中比较典型的一种。情绪状态与心理健康的关系，在人们的日常生活或工作中表现得最为直接和明显。多数学者认为，情绪维度是衡量心理健康最重要的维度。

因情绪引发的抑郁症不仅困扰着有着严重精神疾病的人群，也困扰着许多普通人群。对抑郁症的传统治疗采用药物治疗与心理治疗的方法。这些方法费时、费用高，并且常常不见效。许多药物干预还会产生令人不舒服的副作用。这就促使人们寻求一种高效、无副作用、低花费的治疗方法。目前的研究指出，运动锻炼是治疗抑郁症的一种有效的辅助手段。许多学者指出，有氧运动或不强烈的运动有助于缓解轻、中度抑郁；也有学者指出，无氧运动同样有缓解抑郁的作用。

1. 体育"场效应"的抗抑郁效能

抑郁是以压抑为主导的情绪状态，临床表现为悲观、悲伤、低自尊、绝望、疲劳、易怒、优柔寡断、厌世等，而体育运动是以兴奋和充满活力为特点的运动，尤其是有氧锻炼，具有缓解焦虑、抗抑郁的作用。从社会学的角度来看，体育的"场效应"促进了人与人之间的交往，能促进个体体验竞争、失败、成功，有助于提高个体认知能力，产生更为积极的自我评价。

2. 适宜的运动有助于建立适应和对抗应激的自我保护机制

应激是当个体所感知的环境要求与他所认为的自我能力之间不平衡时，人体产生抵抗的一种现象。心血管系统方面的反应和变化是应激反应的主要表现，肌肉紧张是应激的信号。适宜的运动可以放松肌肉，可以减少应激和紧张带来的生理反应，总之，适宜的运动有助于提高身体的适应能力。

3. 运动是提高自尊、改善心境状况的最佳手段

健康的心理状态，强调个体对自我和对过去生活的认可和接纳，并能清楚地认知现实的自我与理想的自我，在一定程度上依赖积极的自我评价，以及愉快和自主支配的各种行为。自尊代表人们自我意识的积极程度。这种自身知觉的变化，对情绪调控有着积极作用。

体育运动本身能对人产生各种刺激，能带给人丰富的情绪体验。有研究结果显示，参加体育运动的人较不参加体育运动的人有更强的自尊，且体质良好，有更积极的自我概念。因此，强自尊和积极的自我意识与

参加体育运动有关。体育运动能激发人们用自己的能力面对新的挑战，这在多项研究中都获得了趋于一致的验证。

## 三、体质健康与心理健康的交互作用

学校体育教学的价值在于，通过提升和发展学生的体能和运动技能，使学生获得必要的健康知识和健身的方法，同时，提高学生对自己身体和健康的认知水平，使其坚持体育锻炼，促进身体健康，提高对环境的适应能力，最终形成健康的行为习惯和健康的生活习惯。

### （一）身体健康是心理健康的基础

体质受先天遗传和后天环境两方面因素的影响，表现为人类个体在形态结构和功能活动方面所固有的、相对稳定的特性。体育运动对体质的积极作用是通过对人体运动系统、呼吸系统、消化系统、心血管系统这几大系统的积极影响来实现的。

身体健康是心理健康的基础，当身体健康出现问题时，人的心理健康也常常会出现问题。人如果得了严重的急性疾病，精神上一般会比较痛苦，常常伴有焦虑、忧郁、恐惧、失眠等，心理负担很重。各种慢性疾病也常会给患者带来精神负担。精神负担的轻重往往与疾病是否严重有关。尽管大多数慢性疾病患者对病情的急性发作能摸到一些规律，但发作时往往会产生心烦、焦虑或抑郁等不快的情绪体验，而这些不快的情绪体验又反过来会加重躯体疾病，促使病灶活跃、病情恶化。

### （二）心理健康对身体健康的影响

身体健康是心理健康的基础，同时，心理健康对身体健康也有很大的影响。在人类的各种疾病中，有一类疾病称为心身疾病，是指主要由心理和社会因素引起的，但以躯体症状表现为主的疾病，也称为心理生理障碍。不良的情绪状态和性格特征可诱发疾病，而良好的心境状态和性格特征也能帮助人战胜疾病。

生活在现代社会中的个体，面对来自社会环境的压力与冲突时，易产生紧张、焦虑、恐惧、忧虑、愤怒等情绪体验，很多不良的情绪体验对人身体健康产生影响的原理如，某种不良情绪体验，刺激交感神经，使其兴奋，导致肾上腺髓质释放大量儿茶酚胺，从而增加心脏、脑和骨骼肌处的血流供应，使心率加快、血压升高、呼吸增强、胃肠蠕动减慢、血糖升高、代谢加速，此时需要身体动员较多的力量来应付外界环境的刺激，这个过程会引起身体各系统功能和代谢的广泛性改变。由于激素分泌的大量增加，抑制了身体的免疫功能，因此，持久或过度的情绪反应和应激状态，可能导致严重且持久的神经功能改变，甚至可使相应的器官产生器质性病变，造成心身疾病。

在现实社会中，人们不但要面对各种心理冲突，同时还要承受来自外界的各种压力。心理学家发现，患原发性高血压的人性格往往存在以下特点：有雄心壮志，争强好胜，易激动，对自己要求较高，总想在工作上有新成就，常感时间不够用和有压力；不轻易暴露自己的想法，固执，保守，过分耿直；还有的则是多疑，敏感，自卑，胆小，常有不安全感。

## 四、体育运动对心理健康的积极作用

体育运动能让人感受丰富多变的刺激，并磨砺人的精神，校园体育文化氛围和积极参与体育运动，对人心理的发展会产生深刻的影响，对心理健康有着积极的促进作用。

### （一）体育运动能促进人的心理发展

#### 1. 体育运动能促进认知发展

体育运动能促进人的认知发展，复杂的运动过程要求参与者既能对外界物体（球、器械等）做出迅速、准确的感知与判断，又能快速感知、协调自己的身体动作以保证动作的完成。长期积极参加体育锻炼能够促进人的感觉、知觉能力（如前后、左右、高低、远近、先后、快慢等感觉、知觉）的发展，提高反应速度和直觉判断力，帮助人敏锐地观察瞬息万变的临场环境，使人能独立、快速、灵敏、创造性地处理临场情况。总之，体育运动对提高观察力、注意力、思维力、想象力、记忆力等都有十分明显的作用。

#### 2. 体育运动能促进情感发展

体育运动能带给人强烈、深刻的情感体验，竞技场上的成功与失败、进取与挫折共存，欢乐与痛苦、忧伤与欣喜交织；同伴与对手的情感表现相互感染、相互融合在一起。这种丰富的情感体验有利于促进人情感的发展和自我调节能力的提高。

3. 体育运动能促进意志发展

为了一个既定目标日复一日、年复一年地刻苦训练，不断地挖掘自己的运动潜能，在提高运动能力的同时也发展和锻炼了意志水平。在学校体育教学中，常要求学生必须坚定意志、刻苦锻炼、克服困难、战胜困难，以此培养学生勇敢、顽强、坚毅的性格及集体主义精神。

## （二）体育运动能促进人格的全面发展

体育运动能使人学会竞争，学会展现自己的才能与实力；也能使人学会合作，学会相互配合，使自己与大家凝聚成一个整体，为了一个目标去努力，去争取成功。体育能让人掌握与他人相处的法则：自己成功时要谦虚，他人成功时要善于欣赏。体育运动能发展人的运动能力、协调能力、直觉思维等，并能磨炼人的性格和意志，使人变得坚强、刚毅、开朗、乐观；同时，在与对手的交锋中学会遵守规则、尊重裁判、尊重对手，有效地促进人的社会化。

# 第二章  体育运动动力调节

## 第一节  体育运动动机的激发

### 一、运动动机的类型

运动动机是指促使人参与运动学习与体育锻炼的内部心理动因。根据不同的标准，运动动机有不同的分类。

#### （一）生物性动机和社会性动机

根据个体参与运动学习和锻炼的心理动因是基于生物性需要还是社会性需要，可将运动动机分为生物性动机和社会性动机。生物性动机是基于生理性需要而参加体育运动的动机。它是个体化的动机，对个体运动的心理和行为的影响较大。个体对参与运动有较大的期待，如不能得到满足，便容易产生烦躁、不安、注意力与情绪难以控制的现象。因此，运动训练应安排得生动、活泼，以适当满足人的生理性需要。社会性动机是基于社会性需要而参加体育运动的动机。它是既重交往又重荣誉的一种动机，具有相对持久的特征，对个体在运动学习中的人际互动与相互学习，对掌握体育知识、运动技能、发展身体能力等都具有较大的促进作用。

#### （二）内部动机和外部动机

根据个体参与运动学习和锻炼的心理动因主要由自身内在需要转化而来，还是由外界条件诱发而来，可以将运动动机分为内部动机和外部动机。

来自个体自身，如喜欢运动、对运动具有好奇心，渴望从体育运动中获得快感、乐趣、刺激，希望满足自尊心，获得荣誉感、归属感等心理需要层面的动机，属于内部动机；由个体自身之外的诱因转化而来的动机，如教师的表扬、同伴的欣赏、竞争获胜的奖励，或迫于压力、为了避免惩罚与逃避危险等原因而参加体育运动的动机，为外部动机。

一般而言，内部动机对个体参与体育运动的促进作用较大，维持的时间也较长。因为由内在需要引发的运动学习本身就可以使个体得到某种满足，如获得运动乐趣、提高自我效能感等。因此，内部动机是富有积极推动作用的心理动力。而外部动机对个体参与体育运动的推动力量有限，持续的时间也较短。外部奖励一旦消失，外部动机的动力作用就会很快减弱。但外部动机并非一无是处，对于尚欠缺运动动机的个体而言，利用外部动机引发运动行为还是十分必要和有效的。

外部动机对内部动机的影响既可以是积极的，也可以是消极的。外部动机既可能加强内部动机，也可能削弱内部动机。这主要取决于外部奖励的方式以及个体对内部奖励和外部奖励的重要程度的认识。如果奖惩得当，则外部奖励甚至小范围内的惩罚都可以促进外部动机向内部动机转化；反之，则有可能破坏内部动机，收到相反的效果。

## （三）直接动机和间接动机

根据个体参与运动学习和锻炼的心理动因是指向体育运动过程，还是指向体育运动的结果，可以将运动动机分为直接动机和间接动机。

心理动因指向运动学习和锻炼的内容、方法或组织形式等的动机，是直接动机；而心理动因指向运动可能带来的生理、心理和社会效果等的动机，是间接动机。

直接动机与运动学习和体育锻炼本身相联系，动机内容相对具体，是推动个体参加运动的有效动机，但当体育运动内容具有一定难度，需花较多、较长时间的努力才能学会和掌握，或个体认为某一练习方法、形式枯燥时，直接动机作用的局限性就会表现出来，其作用的影响范围和持续时间也就减小和变短。而间接动机虽然与当前运动的直接联系较少，但它与长时间运动后产生的最终结果和社会意义相联系，其影响持续的时间较长，能使个体更自觉、更持久地进行体育运动。因此，直接动机和间接动机具有相互联系、相互补充的作用。

## 二、运动动机的培养

### （一）充分重视和利用各种需要

增加运动的趣味性，激发运动参与者的好奇心，满足运动参与者的归属需要、增强他们的自尊等可以培养运动动机。

### （二）重视体育成就动机

成就动机是一种较高级的社会性动机，是指个体积极主动地从事自己认为重要或有价值的活动，并力求达到完美、取得优异成绩的心理倾向。它是在成就需要的基础上产生的，是在社会交往中习得的内在推动力量。

### （三）适当开展竞争，积极组织合作

竞争可分为个体间、团体间和自我竞争三种形式，每种形式都有特点。在体育运动教学中，若要取得竞争与合作的最佳效果，应特别强调教学训练内容的内在价值和教学活动的最终目的，不能只重视合作或竞争方法而忽略对训练内容的掌握与运用。同时，还应注意合作与竞争方法的相互补充与合理运用。在团体合作的基础上开展的中等程度的竞争活动，即适量和适度的团体合作与竞争方法的结合，才会促进个体与团体间广泛互动，调动运动参与的积极性和创造性。

为提升竞争对体育学习的积极作用，避免消极后果，应注意几点：①竞争内容和形式应多样化，使每个人都有展现自己才能的机会；②进行个体间竞争时，应当按照能力分为高、中、低三组；③竞争活动要适量；④提醒个体在竞争中注意发挥和展示能力，相互鼓励，团结互助，胜不骄，败不馁，防止骄傲情绪和自卑心理的出现。

### （四）及时反馈，重视肯定性的评价

体育学习中反馈的形式有社会性评价，如教练、教师当着全班同学的面表扬学生；象征性评价，如教练、教师在成绩单上给某个同学画个小红旗；客观性评价，如教练、教师根据学生的技术或能力表现给予较好的分数；标准性评价，如教练、教师以排名次的方法给学生打分。运

用时可根据运动员、学生年龄选择相应的反馈形式。

在体育学习中进行反馈和评价时，教练、教师往往要根据运动员、学生的进步或退步情况给予表扬或批评。表扬和批评都是以促进运动员、学生的进步为目的。在进行多鼓励、严要求和适当、适度批评时，要力争做到表扬每个人的每一次进步；要针对不同年龄、性别和能力的人进行表扬和批评；要对事不对人，尤其要将表扬和批评的重点放在个体是否努力上，放在行为表现上，放在是否有所进步上；要了解个体对教练、教师的表扬和批评的理解程度；要公开表扬，私下批评，理智、慎重地使用惩罚。

# 第二节　体育运动中的目标设置

## 一、目标的属性

目标是个体在规定的时间内达到特定的行为标准，是人们努力奋斗的方向、争取达到的目的，以及衡量成就的标准。目标有两个最基本的属性：明确度和难度。

从明确度来看，目标的内容可以是模糊的，如"请你做这个练习"；目标也可以是明确的，如"请在 10 分钟内做完这 3 组练习"。明确的目标可以使人们更清楚要怎么做，清楚付出多大的努力才能达到目标。目标设定明确，也便于评价个体的能力。很明显，模糊的目标不利于引导个体的行为和评价个体的成绩。因此，目标设定得越明确越好。事实上，明确的目标本身就具有激励作用，对目标和结果的了解能减少行为的盲目性。

另外，明确的目标对成绩也有影响。也就是说，完成明确目标的个体的成绩变化较稳定，并会有一定进步，而目标模糊的个体成绩不稳定。这是因为模糊目标的不确定性容易产生多种可能的结果。

从难度来看，目标可以是容易的，如 20 分钟内做完 5 次 100 米跑练习；目标可以是中等难度的，如 20 分钟内做完 8 次练习；目标可以是有难的，如 20 分钟内做完 12 次练习；或者目标是不可能完成的，如 20 分钟内做完 30 次练习。同样的目标对有的人来说可能是容易的，而对有的人来说可能是难的，这取决于个体的能力和经验。一般来说，目标的绝对难度越高，人们就越难实现。

人们把目标的难度和明确度结合起来进行研究，发现人们对于明确的、有挑战性的目标完成得最好；对于模糊的、有挑战性的目标，例如告诉被试者"请尽力做得最好"，完成的成绩呈中等水平；而模糊的、没有挑战性的目标则容易导致低水平的成绩。

## 二、目标的类型

目标有三种类型：结果目标、表现目标、过程目标。

结果目标也是终极目标，是一个阶段内通过学习和训练所要达到的最终结果，类似"理想"和"愿望"。这种目标通常不是个体所能直接控制的，影响结果目标的因素是多方面的。例如，一个球队设立的结果目标是获得冠军，他们也确实很努力，但却不一定真的能获得冠军。

表现目标是指"我和自己相比，今天训练得怎么样"，表现目标是根据个人能力设置的，是个体针对自己的实际情况所提出的要求。

过程目标是指在设置目标这个领域中"如何完成"这个环节，它使个体的注意力集中在具体的任务上。

教练或教师应当使用以上三种目标，具体强调表现目标和过程目标，因为这两个目标是通过自身的努力就可以实现的。

此外，从时间的角度也可以把目标分为长期目标、中期目标和短期目标三种类型。

## 三、目标的设置

合理地设置目标可以提高运动表现，那么如何设置有效的目标呢？

第一，根据运动参与者的实际能力设置合适的目标。教练对运动参与者的能力以及运动参与者对自己能力的恰当评价和判断是设置训练目标的重要依据，如果不能正确地分析和评价运动参与者的实际能力，就有可能制定出过高或过低的目标。过高的目标夸大了运动参与者的实际能力，会使运动参与者产生畏惧感和挫折感，不利于目标的实现；过低的目标则会降低运动参与者的运动动机，不能激发其挑战的心理，无法使其实际能力得到充分的发挥。

第二，要设置明确、具体、可测量、易观察的目标。明确、具体、可测量、易观察的目标是可以用语言文字加以描述和记录的。也就是说，是可以用次数、距离、时间、频率等来测量的。比如，通过某个阶段的训练，运动参与者的跳远成绩从 5.28 米提高到 5.38 米就是一个明确而又具体的目标。如果教练不是利用数字向运动参与者提出目标，而是用"再跳远一点""再努力一些"作为目标，则是模糊的、不具体的目标。

明确的目标可以使运动参与者更清楚要做什么、怎么做，而且，设置具体目标还有利于对运动参与者训练的完成情况进行评价，有助于定量化地检验运动参与者是否达到了目标。许多研究表明，明确而具体的定量目标比模糊的定性目标更能激发运动参与者的训练动机并创造更好的成绩。

第三，目标设置要具有挑战性和可实现性。最好的目标是运动参与者通过较多努力就可能达到的目标，只有这样的目标才是具有挑战性的目标，才能激发运动参与者的运动动机。如果目标很容易就能实现，运动参与者体验不到挑战性，那么就无法很好地激发其运动的动机；如果目标太难，运动参与者虽然很努力，但仍然不能实现这个目标，就会产生挫折感，怀疑自己的能力，从而降低运动参与者的动机水平，甚至会放弃努力。因此，目标要是"努力跳一跳，就能够得着""就差一点点，很快就能实现"的目标。

第四，设置长期与短期相结合的目标。一般而言，短期目标对运动参与者来说容易产生立竿见影的激励作用，但是必须有长期目标的引导，其行动才能更加自觉。因此，在设置目标时，要将长期目标与短期目标相结合。

长期目标与短期目标相结合最好采用"阶梯形"的方式进行目标设置，具体的步骤是：首先，确定目前运动参与者的基础水平；其次，确定运动参与者经过努力奋斗所能达到的最终目标，即长期目标；最后，将最终目标逐级细分成彼此相连的若干小目标，即把长期目标分解成若干短期目标。

第五，适时提供反馈。反馈目标实现的情况，有助于运动参与者了解自己在向目标前进的过程中的运动情况，并可以对不适合的目标及时地做出调整。给运动参与者的阶段性反馈应以积极肯定为主，并指出其今后需要提高与改进的方向。

第六，要多关注表现目标和过程目标，而不是结果目标。如果教练更多地关注结果目标，会使运动参与者把注意力集中在取胜上，而减少对动作技术的注意，不利于技术动作的完成。在体育比赛中，影响结果目标的因素是多方面的，如对手、裁判、天气、场地、观众、运动参与者的技术表现等，而其中只有运动参与者的技术表现是运动参与者自己可以控制的。

第七，共同制定目标。在体育训练与锻炼中，教练和运动参与者一起制定目标，也有利于促进教练与运动参与者之间的交流与沟通，还有利于提高运动参与者的责任感和积极性。与运动参与者的家人或运动参与者认为"重要的人"共同制定目标，还可以使运动参与者获得更多的社会支持及心理支持。

# 第三节　体育运动中的归因指导

## 一、归因的定义

归因是指人们对自己或他人的行为结果进行分析、判断，从而指出其性质或推论其原因的过程。人们进行归因是为了更好地总结经验和教训，以便在未来的行动中少走弯路，收到更好的效果。

在体育运动领域，教练、运动参与者、体育锻炼者对自己在体育运动中成败归因的认识影响着他们在体育运动中的努力程度，也影响着他们对所参加的体育运动的动机和情感以及与他人的关系。通过归因可以使个体认识自己在体育运动中的行为。为此，教练要学习归因理论知识，以便更好地指导运动参与者的学习与训练。

## 二、韦纳的三维度归因模式

当前对实践应用有较大借鉴意义的是韦纳的观点，他认为，能力、努力、任务难度和运气是人们在解释成功或失败时知觉到的四种主要原因，并将这四种主要原因分成控制点、稳定性、可控性三个维度。根据控制点维度，可将原因分成内部的和外部的；根据稳定性维度，可将原因分为稳定的和不稳定的；根据可控性维度，可将原因分为可控的和不可控的。

韦纳认为，每一维度对动机都有重要的影响。从控制点这一维度看，如果将成功归因于内部因素，个体会产生自豪感，从而提高动机；将成功归因于外部因素，个体则会产生侥幸心理。将失败归因于内部因素，个体则会产生羞愧的感觉；将失败归因于外部因素，个体则会感到生气。从稳定性这一维度看，如果将成功归因于稳定因素，个体会产生自豪感，从而提高动机；将成功归因于不稳定因素，个体则会产生侥幸心理。将失败归因于稳定因素，个体会产生绝望的感觉；将失败归因于不稳定因素，个体则会感到生气。从可控性这一维度来看，如果将成功归因于可控因素，个体则会积极地去争取成功；将成功归因于不可控因素，个体则不会产生太大的动力。将失败归因于可控因素，个体则会继续努力；将失败归因于不可控因素，个体则会绝望。将失败归因于内部、稳定、不可控因素时，个体会产生习得性无助感。

韦纳通过一系列的研究，得出一些归因的最基本的结论：①个人将成功归因于能力和努力等内部因素时，他会感到骄傲、满意、信心十足，而将成功归因于任务容易和运气好等外部因素时，产生的满意感则较少。相反，如果一个人将失败归因于缺乏能力或努力，则会产生羞愧和内疚；而将失败归因于任务太难或运气不好时，产生的羞愧则较少。而归因于努力比归因于能力，无论对成功或失败均会产生更强烈的情绪体验。努力而成功，体会到愉快；不努力而失败，体验到羞愧；努力而失败也应受到鼓励。这种看法与我国传统的看法一致。②在付出同样的努力时，能力低的应得到更多的奖励。③能力低而努力的人得到更高评价，能力高而不努力的人则得到较低的评价。因此，韦纳总是强调内部、稳定和可控性的因素。

由于韦纳特别强调个人所处的文化背景以及社会观念、个人技巧、人际关系等因素对归因的影响，因此，韦纳的归因理论成为当今归因研究中很有影响的理论。

## 三、归因指导

归因指导是指通过一定的练习程序，使个体掌握某种归因技能，形成比较积极的归因风格。归因指导的基本思想是个体在对自己行为的因果知觉中存在各种归因偏差，通过归因指导，个体可以获得各种形式的归因反馈信息，从而消除归因偏差。在体育运动领域，可以通过归因指导让运动参与者把失败的原因解释成可以控制的和不稳定的，即失败是由于自身努力不够，失败的原因是可以改变的，从而提高他们在体育学习或训练中的成就动机。归因指导的主要目的是提高运动参与者在体育学习与训练中的成就动机。

### （一）再归因训练

常用的再归因训练有以下三种。

团体发展法：即以团体讨论的方式进行归因。小组成员在一起讨论和分析行为背后的原因，并由教练对个人及整个小组的情况做比较全面的分析，引导他们正确归因。然后，要求每个人填写归因量表，并从一些备择原因中选出与自己的行为最有关系的因素，并对几种主要因素所起的作用做出评定。教练对这些自我评定和归因结果进行统计分析，并及时给予小组成员反馈，指出归因偏差，鼓励比较符合实际的、积极的归因。

强化矫正法：先让运动参与者在规定的时间内完成某种行为。然后，要求运动参与者在事先预备的归因因素列表中做出选择，对行为做出归因。每当运动参与者做出比较积极的归因时，随即给予肯定和表扬，并对那些很少做出积极归因的运动参与者给予暗示和引导。

观察学习法：先让运动参与者观看别人的归因活动录像，录像中表现运动参与者在完成某一行为时进行归因的情况，并在观看录像之后，让运动参与者重复类似的行为。这样能够使观察学习的效果更好地迁移到平常的体育学习与训练中。

### （二）归因指导中的注意事项

归因指导是一种认知干预技术，对运动参与者失利后的心理调整、恢复是十分有利的。并且，在体育训练与锻炼中，有效的归因指导会对运动参与者更好地完成训练任务、达到训练目标起到很好的促进作用。体育运动中的归因指导要注意以下几个方面。

第一，要进行积极的反馈。有研究指出，经常给予积极反馈且偶尔给予批评比其他反馈形式的效果好。当运动参与者失败时，要使他们感到自己虽然有缺点，但仍被集体、教练完全接受和喜欢。在尽量给运动参与者提供积极反馈的同时引导运动参与者的态度从"这不是我的过错"向"这是我的责任"转化。

第二，增加成功的体验。个体只有经历成功，才能建立一种积极的心理定式，相信自己可以把握命运。为此，在教学与训练中，教练要尽量使运动参与者有更多的机会体验成功。

第三，成败的判断标准要恰当。成功与失败是相对的，教练应引导运动参与者根据自己的实际情况为自己制定不同的判断标准。这一标准应是具体、明确、富有挑战性的，是可以实现的。

第四，关注可控制的因素。教练应指导运动参与者明白哪些因素是可控的，哪些因素是不可控的，并将他们的注意力引导到那些可控的因素上来。

第五，强调个人的努力，并且谨慎地比较个体之间的差距。

# 第四节　体育运动中自信心的培养

## 一、自信的定义

自信是反映个体对自己是否有能力，或能否成功地完成某项活动的信任程度的心理特征。有些心理学家认为自信心属于人格的特质倾向，并影响着人的行为。由此可见，自信心是一个人对自我价值、自我效能的表达，它是建立在一个人对自己能力的评价基础上的。自信心的特征是对成功具有高度的期望，它可以帮助个人激起正面情绪，促进个人专注于当前的任务及比赛的策略，设定具有挑战性的目标，并付出更大的努力去实现目标。

当一个人不能正确评价或盲目相信自己的能力时，会出现盲目的自信，这种情况下，人会设置过高的、不切实际的目标，并且，当自己最终不能实现目标时，又往往会丧失自信，对自己产生怀疑。另一个极端的情况是，当人对自己的能力评价过低时，又会缺乏自信心，甚至产生自卑心理，在这种情况下，人会设置过低的目标，因此，往往也不会取得较大成功。实践证明，只有具备适宜的自信心水平，才有助于个体设置恰当的目标，进而取得成功。

## 二、提高自信的方法

### （一）通过积极的自我暗示树立自信心

积极的自我暗示可以帮助人建立和提高自信心。运用暗示法提高自信心的技术已经广泛应用于体育运动心理学领域，积极的自我暗示可以有效地激励运动参与者。例如，教练在运动参与者有畏难情绪时，可以应用暗示法鼓励和激发他们刻苦训练的斗志，提高他们的自信心。运动参与者也可以采用自我暗示法，如在遇到失败和困难时，暗示自己"顶住，我能行"，以此来提高自我效能感。

为了让自我暗示更有效，暗示的内容最好是：①简单精练，容易发音；②与当前任务的进程相符合。如在有关学者的调查中，运动技巧是网球运动中的截击空中球。在截击空中球的过程中，重要的两个部分就是分离停顿，以及击球前转肩膀的动作。因此自我暗示的关键词就是"分"和"转"，运动参与者在说这两个字的时候要和自己动作的起伏合拍。

### （二）通过设置适宜的目标增强自信

自信心与目标设置之间是相互作用、相互影响的，一方面，自信心影响一个人的目标设置水平；另一方面，目标设置的合理性又会反过来影响一个人的自信心。因此教练应该帮助运动参与者根据其能力，设置可实现的、具有挑战性的、可以测量的、可以进行自我比较的目标，这样才能帮助运动参与者在不断积累小的成功体验的基础上增强自信。

### （三）通过正确归因指导增强自信

韦纳的归因理论认为，能力、努力、运气、任务难度是个体对成败归因的要素。当运动参与者把成功和胜利归因于自己的运气好，而把失败归因于自己的能力差时，自信心必然会被削弱。因此，教练有必要将正确的归因技术教给运动参与者，使他们善于将成功归因于自己的能力和努力，而将失败归因于运气或没有足够的努力。这样，无论遇到成功还是遭遇失败，运动参与者的自信心都不会被削弱，反而会逐渐增强。

### （四）通过对最佳动作操作的表象训练增强自信

心理学家研究发现，对最佳动作操作的表象训练能够提高运动参与者的自信心。这种方法要求运动参与者首先进入放松状态，然后在指导语的暗示下，系统地回忆以往完成任务中的最佳操作表象，从而在心理上进行流畅体验，增强自己的动机，并排除以往失败的心理阴影的干扰，增强自信。

### （五）通过增加成功体验来积累并增强自信

自卑和无助感是人对自己能力的消极评价。因此，教练要尽可能多地创设条件，让运动参与者在生活和训练中经常体验通过自己努力和能力而取得的成功。这样日积月累，就可以帮助运动参与者建立起积极的心理定式，即通过努力来把握自己的未来，从而增强自信心。

# 第三章　体育运动与心理建设及调控

## 第一节　体育运动与心理建设

### 一、体育运动对情绪的影响

人在生活中时常会产生喜、怒、哀、乐等情绪，情感的起伏变化在人的生活中无不被打上情绪的烙印。运动技能的学习过程，实际上也是丰富学生情绪情感、提高意志力的过程。没有情绪的活动是不存在的。学生在技能练习的过程中，常常会随着学习内容、练习效果、人际关系以及受到的评价的变化而产生情绪的变化。学生在观察、模仿新技能时会出现好奇的心理，初步尝试新技能时会产生紧张不安的反应，进步时会产生喜悦的心情，退步时又会产生懊恼的情绪。即刻性、丰富性、多变性、深刻性是运动技能学习过程中学生情绪反应的显著特点，具有这些特点的情绪反应是强烈的身心体验，时刻伴随着学生的技能学习过程。

### （一）情绪与情感

人在认识世界和改造世界的过程中，同周围事物发生复杂的联系，人对客观事物的态度和体验，就是情绪与情感。情绪是指当有机体受到生活环境的刺激时，依其生物学需要是否获得满足而产生的暂时性的、较剧烈的态度及体验，是情感的反应过程，而情感是用来描述稳定而深刻的社会高级感情的。在日常生活中，人们以心境、激情、应激三种形式来表现情绪，情感是以事物是否满足人的需要为中介而产生的人脑对客观现实的体验。二者同属于感情性心理范畴。

美国心理学家马斯洛提出关于人基本需要的理论，认为这种需要是始终不变的、可遗传的、本能的需要。马斯洛将人的基本需要分为：生理需要；安全需要；爱和被爱的需要；与人进行交际、交往，建立友谊，与人建立健康的、亲密的及相互信赖的关系等的需要；尊重需要，它包括自尊和受他人尊重；自我实现的需要。人类有成长、发展、发挥潜力的需要，由于人的需要是多种多样的，并且是不断变化的，因此，同样一件事情，可能在不同条件下和人的需要处在不同的关系中时，会引起不同的情感。马斯洛提出凡符合以下情况的就可视为一种基本需要：①缺少它会引起疾病。②有了它可免于疾病。③恢复它可治愈疾病。④在非常复杂的自由选择的情况下，丧失它的人宁愿寻求它，而不是寻求其他的满足。⑤在一个健康人身上，它处于静止的、低潮的或不起作用的状态。

美国心理学家阿诺德重视皮层在情绪产生中的作用，提出了情绪是通过皮层的认知评价才得以产生的。美国心理学家沙赫特认为情绪是认知、生理、环境三种因素的构成物。这两种观点都属于情绪的认知理论。认知理论把认知因素介入情绪，把情绪和认知联系起来，强调刺激事件只有通过对它的评价才能产生情绪。

1. 情绪与情感的关系

情绪与情感是紧密联系但又不能等同的术语。情绪一般比较不稳定，带有情景的性质，它是不断变化着的，是较为现象的东西。情感较为稳定，是较为本质的东西，它是对现实事物的比较稳定的态度。我们可以将在情感体验的心理过程中进行的具体形式称为情绪。

从需要的角度看：情绪和人的生理性需要相联系，而情感和人的社会性需要相联系。

从发生的强度和持续时间看：情绪具有情境性、即时性和易变性的特点，而情感则具有稳定性和持久性的特点。

从发生的主体来看：情绪是人和动物所共有的，而情感是人所特有的。

情绪是情感的表现形式，情感离不开情绪；情感是情绪的本质内容，情绪也离不开情感；情绪是情感的外部表现，情感是情绪的本质内容。

## 2. 情绪与情感的概念与分类

### （1）情感的概念与分类

情感是人们对客观事物是否符合自己的需要而产生的体验，是伴随认知过程而产生的。人的需要是个体缺乏某种东西的心理状态，它是人的生理和社会需求在人脑的反映，一般分为生理的（对于食物、水、空气、运动和休息）和社会的（劳动、交往、艺术、文化知识）需要两大类，也可称为物质与精神需要两大类。

情感是体验，是反应，是冲动，也是行为。按情感的社会内容划分，可以分为：①美感。这是人们根据一定的审美标准，评价事物的美和丑时产生的情感体验。②道德感。这是根据一定的道德标准去评价人的思想、意图、言论和行为时产生的情感体验。③理智感。这是人在智力活动中，对认识活动成就进行评价时产生的情感体验。

### （2）情绪的概念与分类

心理学认为，情绪是指伴随着认知和意识过程产生的对外界事物的态度，是客观事物和主体需求之间关系的反映，是以个体的愿望和需要为中介的一种心理活动。情绪心理由情绪体验、情绪表现和情绪生理三种因素所组成。情绪体验与情绪表现有和缓与激动、微弱与强烈、轻松与紧张等多种形式，情绪生理因素是多变的。

情绪的产生，有时往往不以人的意志为转移。情绪的正、反向的变化，正是情感双重性的体现，根据人的情绪出现强度、速度、持续时间长短和外部表现可以把情绪分为心境、激情和应激。具体如下：①心境是比较微弱、平静而持久的情绪状态。它在一段时间内影响人的全部行为，有弥散细腻的特点，构成人心理活动的情绪背景。心境是情感的一种情绪状态，因此，心境和情感一样具有双重性，即有积极和消极之分。积极的心境有助于个体积极性的发挥，使其提高效率，克服困难；消极的心境使人意志消沉。在我们的生活和工作中，应该培养和激发积极的心境。②激情是强烈的、暴发性强且持续时间短的一种情绪状态。激情往往是由生活中具有重大意义的事件所引起的，它可以表现为激愤、易怒、恐惧、剧烈的悲痛，甚至绝望，等等。激情产生时，有时会表现出意识狭隘，理解力、自制力显著下降。激情有积极与消极之分，积极的激情可以动员个体积极投入行动，促使人获得意外的成功，而消极的激情往往使人做出粗暴或冲动的事情，应通过意志去战胜消极的激情。③应激是在出乎意料的紧张情况下所引起的情绪状态；是在突如其来或十分危险的情况下所引起的情绪状态；是必须迅速地、几乎没有选择余地地采取决定的时刻，紧急的情境惊动了整个机体，它能很快地改变机体的激活水平，心率、血压等均发生显著改变，引起情绪的高度应激化和行动的积极化。在这种情况下，可能有两种表现：一种表现是产生平时所不能产生的大胆而勇敢的行为，急中生智，动作准确，头脑清醒，另一种表现则是惊慌失措，目瞪口呆。如果人在相当长的时间内处于应激状态，就很不利，甚至很危险。因此，人们在生活、工作中要适度调控自己的情绪状态，避免过激的情绪对工作产生不利影响。机体具有动员自身的资源（首先是内分泌的资源）以及应答外界的强烈影响的机体防御性反应，这是应激的生理学基础，但长时间处于应激状态将损害身体健康，会引起机体内部平衡失调。

## （二）情绪的作用

情绪是机体适应生存的心理工具。情绪是激发心理活动和行为的催化剂，生理内驱力是激发机体行为的动力，情绪的作用在于能够放大内驱力的信号，从而强有力地促进人的行为。

情绪可以影响和调节机体认知过程。情绪情感体验可以构成恒定心理背景或心理状态，对信息的加工起组织和协调作用。它是心理活动的组织者，可以影响认知、操作的效果，其影响程度取决于情绪性质的强度。它可以帮助人选择信息与环境相适应，并驾驭行为去改变环境。运动员们经常会有这样的感觉，在心情良好、情绪适宜的状态下进行运动训练或参加运动竞赛时，思维敏捷，战术思路开阔，解决问题迅速，而在心情低落郁闷或情感体验淡漠的状态下，则思路阻塞，操作迟缓，无创造性可言。

情绪可以协调人的社会交往能力和人际关系。情绪是社会交往中的一个重要环节。情绪通过表情的渠道促进人们互相了解，为人们建立相互了解的纽带。感情交流人与人之间的关系更为密切。在社会交往中，行为表现是情绪反应的指标。

### （三）心境状态与体育锻炼

心境状态是由环境刺激而引起的情绪或情感的唤醒状态，是具有感染力的微弱而持久，但并非永久的情绪状态。心境状态有积极和消极之分。积极的心境状态主要体现在精力感和幸福感两个方面；消极的心境状态包括抑郁、疲劳、惊慌、愤怒和紧张等情绪，消极心境状态所包含的这些情绪之间具有很高的相关性。

心境状态与体育锻炼的关系是"锻炼心理学"较早开始研究的领域。研究表明，体育锻炼可以改善人的心境状态，而心境状态也影响着体育锻炼效果。近年来，关于心境状态与运动表现的关系成了运动心理学家们所关注的问题。人们经常将运动员的心境状态用于预测运动成绩。

1. 心境状态对参与和坚持体育锻炼的影响

体育锻炼产生心理效益的前提条件是锻炼者需要参加和坚持体育锻炼。研究发现，锻炼的乐趣、对健康和其他效益的期待、锻炼的行为倾向等认知因素，与体育锻炼的坚持度呈正相关，即认知程度越高，坚持体育锻炼的积极性越高，而心境状态障碍与体育锻炼坚持度呈负相关，心境状态越好，参与坚持体育锻炼的决心就越大。由此可见，心境状态与参与和坚持体育锻炼有着密切的关系。

2. 体育锻炼对改善心境状态的作用

在研究体育锻炼与改善心境状态的关系时，心境状态作为评价情绪的指标而受到研究者们的关注。这些研究大都将心境状态量表（POMS）作为测量工具，多数研究结果显示体育锻炼后 POMS 测量有良好变化。

## 二、体育运动与人个性的发展

### （一）个性心理特征

作为社会人，每个人的心理都有其独特的地方。人总是与周围的自然环境和社会环境发生有目的、有意义的联系，人们在这一联系过程中获得许多知识、经验、技能，使人的心理品质、道德认识得到发展，形成各自的心理特点。这种各自的心理特点的综合就是人的个性，它包括兴趣、能力、气质和性格等。

1. 兴趣

兴趣是人的个性中较为活跃的因素之一，它是人们力求认识某个事物的特殊倾向。所谓兴趣的倾向，是指它有稳定的特点，人在对某事物产生兴趣时，必然表现出积极的反应，并持续而稳定地关注这一事物或活动。

爱好也是人的个性的特点之一，它比兴趣带有更大的积极性。它表现为参与某活动的倾向，不只停留在认知水平上，而是倾向于身体力行。这就是说，有的人不仅对事物感兴趣，而且还会通过一定的活动，从中得到情感上的满足。它与兴趣一样，都是人的一种带有情感色彩的倾向。前者是认识的倾向，后者是活动的倾向，两者是密切联系的。

兴趣与认识、意志也有着密切联系，还对能力的形成和发展起着重大的影响。因为，一个人对某事物发生浓厚的、稳定的兴趣时，他就把心理活动趋向于这一事物，表现出积极主动的反应，表现出敏锐的洞察力、丰富的想象力、克服困难的意志力，从而使情绪高涨、记忆力增强，这无疑可促进人能力的发展。因此，人在社会实践中不断培养广泛的兴趣，其意义是重大的。

2. 能力

能力是一个人顺利完成某种行动所必需的，并直接影响行动效率的心理活动。它是与人完成一定行动任务联系在一起的，运动员的反应强度、速度和灵敏性，就成为他完成运动动作的必备心理活动，这便是他的运动能力。

能力和知识、技能是密切联系的。知识、技能是能力形成的基础，并促进能力的发展。这种发展是在掌握和运用知识、技能过程中完成的，如果离开学习和训练、实践，就谈不上能力的发展。但是，掌握知识、技能又以一定的能力为前提，能力制约着掌握知识、技能的快慢、深浅程度。

虽然能力、知识和技能都是保证顺利完成行动的条件，但是有区别的。能力是一个人比较稳定的个性心理特征，是在个体自身中固定下来的、概括化的东西。知识则是人类社会历史经验的总结，是个体习得的结果，并以思想内容的形式为人们所掌握。技能是实际操作技术，是训练的结果，并以行动方式为人们所掌握。一般来说，知识、技能的掌握比较快，能力的形成比较慢。这是因为能力作为个性心理特征，是一种复杂的结构，它是以多方面的知识、技能为基础，通过反复多次练习，并与心理活动共同进行而形成的。

3. 气质

气质是以活动目的和内容为转移的、稳定的个性心理动力特征。我们日常生活中所说的"禀性""脾气"就是指一个人的气质。

气质是心理活动的动力特征。它主要表现在心理活动发生的速度、强度和指向性上。心理活动发生的速度常常指知觉的速度、思维的敏捷程度、情绪发生的快慢等。心理活动的强度常常指情绪的强度、意志努力的程度等。心理活动的指向性，是指心理活动指向于自己的内心世界。一个人的气质受先天和后天多种因素的影响，但由遗传决定的神经系统机能特点及内分泌系统的某些因素，是形成个人气质的主要原因。

气质具有极高的稳定性。作为动力特征的气质特点以同样的方式体现在各种活动中，不以活动的目的和内容变化而变化，并且人的气质特点一般不易随着时间的推移而改变。这并不是说人的气质特点是丝毫不能改变的，而是强调改变起来很困难，即使有改变也是很缓慢的。因此，气质是稳定的，每个人都有自己独特的气质。

人们很早就认识到人的气质有很大差异。古希腊医生布波克拉底，根据某一种体液在人体内所占比重，划分出四种基本气质类型：多血质、胆汁质、黏液质和抑郁质。苏联著名的生理学家巴甫洛夫，根据高级神经活动的基本特征，将气质划分为强度、平衡度和灵活性三种基本特征的组合，不同的组合，形成四种不同的高级神经活动类型，即兴奋型、活泼型、安静型、抑郁型。神经系统的这种一般类型，是气质类型的生理基础，气质则是神经系统的一般类型的外在表现，因此，神经类型与气质类型是相对应的。

4. 性格

性格是指个人对现实的稳定态度和习惯化的行为方式。在社会实践中，在客观事物作用于个体时，人往往会对其抱有一定的态度，并产生与这种态度相符合的行为反应。这种态度和相应的行为在行动中巩固和保存下来，便构成了一个人稳定的态度和习惯化的行为方式。表现在这种定的态度和习惯的行为方式的心理特征，就是一个人的性格。

## （二）体育运动与人的个性发展

### 1. 体育运动对个性发展的影响

体育运动对人个性的形成和发展有着直接和间接的影响。无论什么运动项目，总是与人的生理、心理产生联系。虽然不同运动项目对个体运动、紧张程度的要求不同，有的需要短时间内的爆发力量，有的需要长时间的耐久力量，还有的要求高度的灵敏、协调，但都要消耗大量的神经肌肉能量，要求人们不断提高生理上和心理上的紧张适应能力。因此，要求运动员具有情感的高度稳定性，性格的坚韧性，行为的勇敢和主动精神。如果我们仅仅认为运动员只要具有较强的、平衡的、灵活的神经过程，就可以在运动中获得好成绩，那就错了。因为人的神经类型的特性可以互相补偿，并可使气质适应于运动的要求。在那些体育明星中也有一些神经过程弱的、不平衡的、不灵活的人，以及一些过度兴奋和心理不稳定的人，但这样一些神经类型和气质的特征并不妨碍他们在运动中获得优异成绩，因为他们通过拟定的运动训练，形成了个人的运动风格，从而取代或修正了气质不利的一面。

总之，体育运动对个性发展会产生积极的影响，而个性特征对于获得良好运动水平又有着极其重要的作用。

（1）运动对性格发展的影响

人的性格总是与他的物质生活条件、社会实践、生活经历有着密切的关系，而体育运动的特点又与人的紧张、竞争以及克服各种困难的心理相联系。这些都在影响人的性格发展。实践表明，经常参加体育运动，能改变人内向的性格，消除沉静孤独的心理活动，特别在意志性格特征上，能够培养人的意志力，使人具有勇敢、自制、果断、顽强性和纪律性等性格特征。

（2）运动对改变气质特征的影响

在体育运动中要求运动员反应迅速、情绪稳定以及动作的稳定，同时，也要求其具有很强的适应能力。神经类型属于强、平衡、灵活的运动员，更能适应这些要求。因此，运动员体育学习和运动训练的过程，也是改变和发展其气质特点的过程。

2. 个性特征对取得良好运动成绩的作用

实践证明，人的个性特征对从事运动专项起着重要作用。运动员要是具有勇敢顽强、果断自制等意志性格特征，就能帮助其在紧张激烈的对抗中坚韧不拔，坚持到最后并取得胜利。运动员具有神经过程的平衡性、灵活性，即气质类型的多血质，这将使他在运动中表现出很强的体力和能力，以及适应条件不断变化环境的能力等。

许多研究证实，不同气质类型，对于从事的运动项目以及某一项目中的不同位置都有一定影响。运动员的性格特点与运动成绩有密切的关系。而早在几十年前，认知方式，描述个性差异对运动学习成果的影响的研究就已得到人们的承认。如在这一领域研究了近30年的威特金认为，运动训练者依照外界参照物做出自己掌握的动作判断，易受外界暗示，缺乏独立性；而根据主观做出的自己掌握的技术动作判断，不易受外界暗示，且独立性强，较有主见。后者与前者相比，独立性强者不但在运动学习训练中更具优势，而且在日常各项工作中也会表现出自身的优势。

# 第二节　体育运动与心理调控

## 一、运动愉快感对心理健康的作用

### （一）运动愉快感的定义

所谓运动愉快感，是指个体运动后所产生的满足感和喜爱感，并对运动经历有一种积极的情感反应。基麦希克等人认为，运动愉快感是指个体从事运动的目的是基于个人，并与积极的感觉有联系的最优化的心理状态。

有学者还从 4 个方面进一步解释了运动愉快感的定义：①运动愉快感不仅是积极的情感，而且是最优化的心理状态；②运动愉快感是运动的心理过程；③运动愉快感具有排他性的特征，换言之，参与体育运动所产生的运动愉快感受是由运动本身所引起的，而不是由其他条件引起的；④流畅状态与运动愉快感，既有区别，又有相似之处。从某种程度上说，运动愉快感与流畅状态是两个可以相互替代的概念。

运动愉快感是一种心理的流畅状态这一观点已得到许多学者的认同。克斯蒂哈里认为个体处于流畅状态时，注意力集中于有限的刺激范围，失去了时间的感觉，忘记了个人的问题，具有控制感和能力感，并与周围的环境融为一体。Jackson 等人指出，流畅浓缩了锻炼参与者的最优化的状态，它是一种积极的情绪体验，是锻炼者全身心地投入运动情境之中时，个人能够胜任挑战时出现的情境，这是所有体育锻炼者所追求的一种状态。

## （二）运动愉快感与运动的持久性

是什么因素影响锻炼者坚持体育运动呢？有许多锻炼者会中途退出，从而影响体育运动的心理效应。相关调查表明，由于缺乏运动愉快感或兴趣，50% 以上的人在获得理想的健康效果之前就放弃了运动。

能否坚持参加体育运动并从中获得快乐的影响因素主要有以下几个。

### 1. 运动目的

尽管成年人参加体育运动的目的是获得健康。然而，有一些资料表明，对于能长期坚持参加体育运动者来说，这并不是最有效的目的。温克尔（L.M. Wankel）1985 年的研究发现，尽管几乎所有运动者，包括持续参加体育运动者和中途退出者，都认为为了健康而参加体育运动是最主要的目的。而一些不是为了健康的目的却在持续参加体育运动者和中途退出者之间的运动目的存在显著的差异。这意味着不是为了健康的目的可能更有助于个体坚持参加体育运动。

个体参加体育运动的目的会随时间的推移而变化，坚持参加体育运动的目的与最初参加体育运动时的目的可能不一样。海兹曼等人 1970 年的研究发现，个体最初参加体育运动的最主要的目的是想要获得良好的感觉和健康的状态，以及降低心脏病发生的概率，然而，后来坚持参加体育运动的目的依次是：运动的组织状况（31%），娱乐性（29%），个体间的友谊（26%）。也就是说，刚参加体育运动的个体把增进健康作为主要目的，而体育运动的组织状况和体育运动的乐趣性等则是影响人们是否能坚持参加体育运动的主要因素。尤其是对于青少年而言，缺乏对体育运动的兴趣或者在体育运动中不能获得快乐，是个体不能坚持体育运动的重要原因。

2. 社会交往

个体坚持参加体育运动的另一个重要原因是想要与他人交往或参与群体活动。个体被群体活动所吸引的主要原因是个体需要参加活动所获得的群体认同感、社会强化及竞赛的刺激感。坚持参加体育运动者要比中途退出者更能与他人形成亲密的关系，尤其是女性，与同伴一起练习是她们坚持参加体育运动的重要原因之一。

3. 个人能力

当一个人的能力达到足以胜任任务的挑战时，便会产生愉快感并全神贯注于该任务。缺乏挑战性的任务会使人产生厌倦感；挑战性过大的任务则会使人焦虑，甚至产生挫折感。有些人喜欢参加网球、乒乓球等运动，而不是去散步、跑步或练习健身操，选择适合于个人能力的挑战性任务是能坚持参加体育运动的重要原因之一。

因此，一些研究者认为，想要提高一个人的体育运动能力，要使其适应任务的挑战性，并从体育运动中获得快乐，这就需要制订出能发挥个人能力的训练计划。然而，在实践中，个人的能力并不总是与任务的挑战性相适应的，这就需要个体制订切合自己实际能力的训练计划。

4. 自我效能

自我效能是指个体对自己在特定情境中是否有能力去操作行为的评价，也称"效能期望"。有研究指出，高自我效能的老年人比低自我效能的老年人在锻炼后有更积极的情绪；高自我效能的学生在体育运动过程中和运动后，比低自我效能的学生有更积极的感觉状态，具体表现为，前者在体育运动过程中始终保持充沛的精力和活力，并在运动后感到精神振作，运动后积极参与感显著提高，后者在体育运动后的积极参与感则显著降低。

### （三）运动愉快感是促进心理健康的中间变量

运动愉快感本身是一种积极的情绪体验，它是使运动的心理健康效应达到最大值的一个重要的中间变量。如果体育锻炼者不能从体育运动中获得乐趣，那么，其在运动后的心理状态可能感觉不良。温克尔曾指出，运动畅快感能使体育产生更显著的积极效应，其主要表现为：①可能使个体坚持参加体育运动，从而使其获得健康。②运动愉快感本身具有直接的健康效应，能使个体更易产生积极的心理健康效应。

我国有学者研究了中学生在体育运动中获得运动愉快感对于心理健康各指标的预测作用，结果证实了这一点，体育运动中体验到的愉快感具有直接的心理健康效应。我们可以相信，如果个体经常参加体育运动，并经常体验到运动愉快感，那么体育运动必将产生长期的心理健康效应。

## 二、体育运动的特征与锻炼效应

### （一）体育运动的特征

根据人体生理适应的阶段性特点，因运动类型的不同，表现出运动强度、运动时间、运动频次的不同，所反映出的锻炼后的心理效应也不同。

1. 体育运动的类型

体育运动的类型包括竞技性运动与娱乐性运动；有氧运动（低强度、长时间）、无氧运动（高强度、短时间）或两类结合的混合性运动；集体运动和个人运动。哪一类运动更具有良好的心理效应呢？研究表明，混合类运动项目对改善学生心理健康状况的效果最理想。

伯杰（Berger）1988 年指出，有氧运动、混合性运动、没有竞争的运动，有助于锻炼者的心理健康。但国外有些研究显示，有氧运动和无氧运动同样能有效地减少抑郁情绪。我国有学者已开始研究体育运动的类型与心理健康的关系。然而，在某些情况下，有利于心理健康的运动方式不一定有利于身体健康；反之亦然。

但是，不管是哪一种体育运动类型，锻炼的心理健康效应与个人的喜爱程度以及与能否从某一种运动中获得乐趣有一定的关系。

## 2. 体育运动的强度

身体锻炼有助于调节身心矛盾，增强心理健康。不同年龄、性别的个体，为了产生较大的锻炼心理效应和获得更强的运动愉快感，应合理安排与选择运动强度，中等强度是大众健身锻炼较适宜的锻炼强度。

运动强度是指单位时间内所做的功，人们常常以 10 秒的心跳频率作为评价强度的方法。体育运动的大、中、小强度与耗氧量密切相关，因此，人们也用耗氧量（相当于最大吸氧量的百分数）来衡量运动强度。

目前，许多研究表明，体育运动的强度极大地影响着锻炼者的心理健康。多数研究认为，中等强度体育运动能取得较好的心理效应。相反，高强度的体育运动可能增加个体紧张、焦虑等消极的情绪。研究还表明，长期进行中等强度的体育锻炼能够治疗非精神病患者的抑郁症。因此，对大多数人而言，中等强度比高强度的运动更合适。当然，这并不意味着青少年就不能参加高强度的体育运动。

## 3. 体育运动的持续时间

体育运动的持续时间是指每次运动的时间长短和运动方案的时间长短。每次运动的持续时间和运动的强度有关，并且两者之间成反比。运动的强度高，持续时间相应缩短；运动的强度低，持续时间可延长。

每次体育运动的持续时间究竟多长才会产生良好的心理效应？有研究表明，每次运动时间在 20 ~ 30 分钟效果最为理想；也有研究表明，60 ~ 90 分钟的运动时间会产生理想的心理状态。各研究意见并不完全一致。但一致认为持续时间过长或强度过高的竞赛运动不会产生良好的心理效果。目前，大多数学者在研究时所制定的运动方案，一般在 8 ~ 15 周。但也有研究者指出，随着练习总时间的增长和练习次数的增多，体育运动所产生的心理效应会增强。对于焦虑患者来说，运动方案的持续时间越长，体育运动的心理效果越好。

## 4. 不同频次的体育运动与个体心理健康状况的关系

运动频次是指每周的运动次数。体育运动的心理效应究竟能够维持多久尚不清楚，运动频次与该问题密切相关。随着运动频次的增加，运动水平的提高，血清素、去甲肾上腺素的分泌逐渐增多，内啡肽的释放逐渐增多，诱发积极的思维和情感逐渐增强，心血管系统的功能逐渐增强。高浓度的血清素、去甲肾上腺素可维持个体积极愉快的心境状态；高浓度的内啡肽，也促使个体愉快和减少疼痛；积极的思维和情感的增强，又能抵抗个体消极心境的出现；心血管功能的增强，又有利于维持个体的健康心理状态。

### （二）影响体育锻炼产生良好心理效应的因素

影响体育锻炼产生良好心理效应的因素主要有以下几种：①对运动的喜爱以及从运动中获得快乐。如果个体不喜欢自己所参与的运动就不能获得愉快的情绪体验，就不能在运动后获得满足和快乐。只有在参加体育锻炼过程中产生满足、愉快、舒畅的感觉，才能使个体坚持锻炼，更加积极主动地去接受挑战，克服困难。②适宜的运动负荷。研究表明，个体在整个锻炼期间的心率需在最大心率的60% ~ 90%之间，每次运动20 ~ 30分钟，每周3次或3次以上，才有利于心理健康，否则由于运动负荷太小，个体的唤醒水平较低，兴奋性较差，而运动负荷过大，也可能使其产生疲劳，不利于心理健康。③练习的总时间以及每周练习的次数应根据个人特点，并事先在计划中确定。研究表明，随着练习时间的增长，次数的增加，体现愉快的时间增多；维持心理健康水平越高，体育锻炼所产生的良好心理效应就会增强。每次运动超过1小时，就不可能有抑郁症状，有其他心理问题的可能性也就变得非常小。每周运动超过3次，不仅心理健康水平较高，而且身体机能水平也较高，有心理问题的概率也就较小，改善个体心理健康状况的效果就非常好。④混合类运动项目对改善个体心理健康状况的效果最理想。从生理学的角度分析，混合性的身体练习，特别是在对抗激烈的项目中，人体突然启动、急停，随机应变地迅速改变动作，兴奋—抑制快速地转换和精确地调节，有助于支配各种效应器，改善神经机能，从而提高大脑皮质神经过程的强度、均衡性和灵活性。这就为改善个体心理健康状况奠定了物质基础。从心理学的角度分析，在混合性身体练习中，每一次投篮、射门，每一次进攻、防守，每一次奔跑、跨越，都与个人、集体的成败息息相关，同时心理也承受着或大或小的压力，伴随着情感的体验和意志的磨炼。特别是混合性身体练习的集体项目，其激烈竞争的过程，就像是一场场活生生成人社会的预演，参与者在与同伴的团结协作和融洽相处中，在发挥个人潜能和创造性思维过程中，通过自身的努力取得学习的进步，体验体育的精神和乐趣，从而获得一种深层次的心理成功感，进而心理健康水平也就越高。

## 三、运动参与及其心理调控

心理健康是一种生活适应良好的状态，其含义至少包含 3 个维度：认知维度、情绪维度和社会适应维度。体育运动对心理调控的良好作用主要体现在：促进认识能力的发展，改善情绪状态；培养坚强的意志品质；通过完善个性，确立良好的自我概念。

### （一）体育运动能促进个体认知能力的发展

体育运动各项目都有一个共同的特点，即在运动或高速运动中要求参与者既能对外界物体做出迅速、准确的感知与判断，又能迅速感知、协调自己的身体以保证动作的完成。这样长期的运动能促进人感觉、知觉能力的发展，提高人的反应速度和直觉判断能力，使人变得敏锐、灵活。

国内外的一些学者研究表明，体育运动能改善人的认知过程，但这方面的大多数研究对象是老年人，其原因也许是体育运动对于改善老年人的认知过程更为明显一些。我国也有学者对中老年人进行研究，结果发现太极拳和太极剑比慢跑更能有效地维持中老年人的认知功能。

### （二）体育运动可调节个体情绪

体育运动对心理健康影响的主要标志之一就是情绪状态，即人的自然需要是否得到满足而产生的一种体验。情绪几乎存在于人的所有行为中，同时对人的行为有很大的调节作用。调查研究表明，个体心理问题的归因是情绪状态，而体育运动能直接给人带来愉快和喜悦，并能降低紧张和不安。运动行为能减轻或消除情绪障碍是因为体育锻炼者能体验到运动带来的愉快感觉。心理学家认为，适度负荷的体育锻炼能够促进人体释放一种物质——内啡肽，它能使人获得愉快、兴奋的情绪体验。因此，有规律地参加中等强度运动的锻炼者，每次运动 20 ~ 30 分钟，有利于其情绪的改善。有些研究人员发现，用力运动可减少情绪上的负担，甚至能减轻因精神压力的偶发而造成的心理负担。参加体育锻炼，尤其是参加那些自己喜爱和擅长的体育锻炼，可以使人从中获得乐趣，振奋精神，从而进入良好的情绪状态。体育运动本身蕴藏着各种刺激，这种刺激可引起强烈的情绪体验。通过运动可以缓解人们在快节奏、高强度、强竞争环境下的紧张、焦虑和不安，提高人的心理承受能力。

情绪状态的调控能力，是衡量体育锻炼对心理健康影响的最主要的指标。降低应激水平，使机体处理应激情境的能力增强，也是运动对心理调控的主要功效。

改善情绪状态是研究者们用来检查体育运动对心理健康影响的最主要指标。体育运动的情绪效应，有短期效应和长期效应两种。有研究发现，体育运动对人的情绪状态改善具有显著的短期效应。然而，体育运动之后的情绪变化还与个体的健康状况、运动的形式、运动的强度，以及运动与情绪测量之间的间隔时间有关。

体育运动对人的情绪的长期效应方面的研究相对较少，有少数研究显示，体育运动对人的情绪的长期效应是存在的。例如，有学者在研究中发现，有规律的运动者比不运动者在较长的时期内产生较少的焦虑和抑郁情绪。

### （三）体育运动能培养个体坚强的意志品质

意志品质是指一个人的自觉、自信、坚韧、自制，以及勇敢顽强和主动独立等精神，是一个人行为特点的稳定因素的综合。意志品质既是在克服困难的过程中表现出来的，也是在克服困难的过程中培养起来的。锻炼者越能克服困难也就越能培养良好的意志品质。体育运动的特征是克服一定的困难和障碍，是培养人的意志品质的重要途径。要不断克服客观困难（气候条件的变化、动作的难度或外部障碍等）和主观困难（如胆怯和畏惧心理、疲劳和运动损伤等），才能取得成功。体育锻炼的参与者努力克服主、客观方面的困难，能培养自身良好的意志品质。任务越困难，对个体的意志锻炼的作用越大，良好的意志品质对于人的活动（尤其是体育锻炼）效果具有重要的意义。

## 四、调控心理的运动项目选择

如何锻炼才能获得最大的情绪效益，这主要体现在参与者所体验到的幸福程度上，即主观幸福感。主观幸福感是根据自定标准对自身生活质量进行的整体评价而得出的，是衡量心理状态的重要因素，个体主要表现在自主性、环境的适应性与自我控制接纳等方面；体育群体表现在成功体验与控制感、环境适应与控制等方面。同时，调节心理状态的目的、运动方式和条件，以及运动负荷，也是能否获得最大的情绪效益的重要影响因素。

### （一）促进心理健康的运动项目的选择

体育锻炼要实现心理调控效能的最大化，除了目的的选择外，对于运动项目、运动方式与运动负荷的选择也是非常重要的。因此，根据个体心理反应、生理条件、身体素质、锻炼环境进行针对性地选择，对于提高心理调控效能有着积极的作用。

### （二）不同体育运动项目对个体不良心理的矫治

不善于与同伴交往、不合群的人，可以选择足球、篮球、排球以及接力跑、拔河等集体项目，这些团体性的体育运动会慢慢使人改变孤僻的个性，逐步适应与同伴交往和群体活动。

对于胆子较小、做事怕风险、容易脸红和难为情的人，可以参加游泳、滑冰、滑雪、拳击、摔跤、平衡木等项目的运动。这些运动要求人们不断地克服害怕摔倒、跌痛等各种胆怯心理，以勇敢无畏的精神去面对困难，越过障碍。经过一段时间的锻炼，这些不良的个性特征会得到改善。

处事犹豫不决、不够果断的人，可以参加乒乓球、网球、羽毛球、跨栏跑、击剑等体育运动。在这些运动中，任何犹豫、徘徊都将错失良机，遭遇失败。

容易急躁、感情易冲动的人，可以参加下棋、太极拳、慢跑、远足、游泳、骑自行车、射击等活动。这些运动要求持久的耐力，能增强自我控制能力，使人的情绪更加稳定，进而改变容易急躁、冲动的性格特点。

做事信心不足的人，可以选择一些简单的运动，使锻炼者看到自己的成绩，从而增强自信心。

遇事容易紧张的人，可以参加足球、篮球、排球等比赛。这种比赛形势多变、紧张激烈，只有冷静、沉着，才能在激烈的比赛中获得好成绩，经常参加这类运动能够使人遇事不会过分紧张，更不会惊慌失措。

自负的人，可以选择一些难度较大、动作复杂的项目，也可找一些实力超过自己的对手打乒乓球、打羽毛球等，这样可以逐渐收敛自己的骄傲之气。

# 第四章　体育运动与意志品质

## 第一节　体育运动中意志品质的概述

### 一、意志概述

#### （一）意志

意志是人们在认识和实践过程中自觉地确定目的，并根据目的调节和支配行动，克服困难，实现目标的心理过程。

从意志的定义可以看出，意志具有以下三个特征。

1. 意志具有明确的目的性

由于人们具有自觉地根据目的采取行动的能力，因此人们能够采取符合目的的行动并调节自己的行动使之符合自己的目的。人的意志还能制止不符合目的的行动；人的意志不仅能够调节人的外部动作，还可以调节人的心理状态。例如，在篮球比赛时，如果下定决心去争取胜利，那么，队员就会自觉地付诸行动，抵制外界的诱惑，抵抗身体内部的疲劳，积极备战。

2. 意志以有意动作为基础

人的行动是由一系列的动作组成的。有些动作不是有意的，这些动作是在无意中发生的不由自主的动作，如手受到针刺会立即缩回、膝跳反射等。有些动作则是有意动作，这些动作是受意识支配的动作，是实现意志行动的基础，如学生进行的游戏就是由一系列有意动作组成的意志行动。如果不掌握必要的有意动作，意志行动就无法实现。只有掌握了一定的有意动作，才可以根据目的去组织、支配和调节一系列的动作，组成复杂的意志行动。

### 3. 意志与克服困难相联系

在意志行动中，人们为了达到目的，常常需要克服各种困难（主要包括内部困难和外部困难）。不管是克服哪种困难，都需要意志努力。内部困难主要是指人在行动中有相反的要求和愿望的干扰。例如，学生在学习一些有一定危险性的动作时，往往会产生畏难情绪，不愿意付诸行动。外部困难主要是指人在采取行动完成预定目的时所遇到的客观环境中的障碍。例如，在室外活动时，人们可能会遇到天气不好、场地狭小、器材不够等情况，而要完成既定的教学目标或计划，就必须想办法克服这些外部障碍。内部困难比外部困难更加难以克服。因此，在克服这些困难时，先要克服内部困难，如果内部困难得到解决，那么外部困难也就迎刃而解了。

苏东坡曾说："古之立大事者，不惟有超世之才，亦必有坚忍不拔之志。"坚强的意志是一个人成功的必要心理素质，只有坚持不懈、持之以恒，才能圆满地实现自己的人生目标。

人与人之间、成功者与失败者之间、弱者与强者之间最大的差异，往往并不是能力、素质、教育水平等方面的差异，而是意志的差异。许多人因为意志比较薄弱，做事往往失败，而那些意志坚强的人多半能获得成功。

## （二）意志行动

意志和行动是分不开的，只有通过行动才可以将意志表现出来。人在采取行动之前，一般都要考虑做什么和如何做，然后根据考虑好的计划采取行动，克服在行动中遇到的困难，最后达到目的。这种在意志调节和支配下的有目的、有意识、自觉的行动，称为意志行动。

有目的、有意识、自觉的意志行动可分为两个阶段：准备阶段和执行阶段。在这两个阶段中都需要意志的参与。

### 1. 准备阶段

准备阶段是行动前在头脑中对未来的行动进行酝酿和抉择的过程。它包括在思想上权衡行动的动机、确定行动的目的、选择行动的方法，并作出行动的决定。

（1）权衡动机冲突

动机是人们行动的直接原因，它与行动的目的有密切关系。一般来说，在某一行动中，往往会有很多种动机的参与，有时这些动机之间会产生矛盾。如果处理不好这些矛盾，就会给意志行动造成内部障碍，从而影响行动的顺利执行。因此，由动机到行动，往往要经历一些动机之间的权衡。

对于单一动机的意志行动，可以从动机直接过渡到行动。而对于多种动机的意志行动，虽然有多种动机交叉，但这些动机并没有原则性和根本性冲突。例如，学生进行体育学习的动机既包含个人兴趣，又包含对健康的追求，还包含人际交往的动机，它们之间的关系不是对立的，因此它们可以并存，并对意志行动起推动作用。但有些意志行动是多种动机的交叉，动机与动机之间会有矛盾和冲突，往往难以并存，也很难从动机过渡到行动。只有化解了动机间的矛盾冲突，理顺动机之间的关系，恰当地选择一些动机，意志行动才可能顺利进行。在处理动机冲突时，往往可以看出一个人的意志水平。一般来说，意志坚强的人在处理原则性动机冲突时，能坚定地使自己的行动服从和服务于集体或国家的利益，而对于非原则性的动机冲突，也能恰当地进行取舍。这里所指的原则性动机冲突，是指个人主观愿望与事物发展的客观规律和社会道德要求相矛盾的动机冲突。例如，学生发现有人破坏体育器材和课堂秩序，是挺身而出进行制止还是考虑同学之间的关系而听之任之呢？这样的动机冲突就是原则性动机冲突。相反，一些非原则性的动机冲突，如周末是看球赛还是去锻炼，就不涉及违背社会道德标准或客观规律的问题。意志薄弱的人不仅处理不好原则性动机冲突，在非原则性动机冲突面前也表现得犹豫不决，这通常会导致其选错方向或遭遇失败。

（2）确定行动目的

行动目的是指意志行动所要达到的目标和结果。动机对于行动具有驱使作用，而目的则对行动有吸引作用。目的之间也常常会有尖锐的矛盾和斗争。这就是导致人们不知如何取舍，产生心理冲突的原因，而这些冲突不解决，又常常会阻碍行动的进行。因此，确定行动的目的是意志行动的另一重要环节。

在确定意志行动的目的时，个体需要注意以下几点。

目标的具体性：目标应该具体、明确，避免过于笼统或模糊。具体的目标更容易被理解和执行，也更容易衡量和评估。

目标的可行性：目标应该具有可行性，即个体具备实现目标所需的能力和资源。过于遥远或无法实现的目标会打击个体的积极性和自信心。

目标的挑战性：目标应该具有一定的挑战性，能够激发个体的积极性和创造力。过于简单或容易实现的目标可能无法激发个体的潜能和动力。

（3）选择行动的方法与策略

当人们克服了动机矛盾，明确了行动目的，也就是说解决了做什么的问题，下一步就是要解决怎么做的问题，即采用什么方法和策略去解决问题。在选择行动方法和策略这个环节中，好的方法和策略可以产生事半功倍的效果，不好的方法和策略则会产生事倍功半甚至失败的效果。

为了实现预定的目的，人们会事先对自己的行动进行周密的思考，对时机、策略、方法做出选择。在多数情况下，达到同一目的的方式方法有很多，需要人们对这些方式方法做出选择、权衡利弊，这就是决策。决策是一种判断，是从若干行动方案中选择一个合理有效的方案以达到既定的目标。因此，我们要对各种行动方式方法的优缺点及可能导致的结果逐一进行分析、比较。有时只有这些还不够，还需要经过进一步的了解与学习。行动方法的选择与策略是一个人认知、情感、意志等多种心理机能发挥作用的综合产物。例如，体育教师在为学生制定运动方案时，既要综合考虑要达到的目标、达到目标的时间、学生的身体状况和个性特点等，又要考虑锻炼的时间、次数、频率、项目等。

（4）制订行动计划

进行合理有效的行动还必须制订切实可行的计划，并按照客观规律，考虑和安排行动的顺序。在制订行动计划时，既不能不顾现实情况，盲目地制订计划，又不能左顾右盼而迟迟不能形成计划。必须果断、周密地制订行动计划。同时，在制订计划时还要留有余地，方便在行动中灵活调整，以趋完善。在这些行动之中，就会有意志的参与。例如，接着上面的例子，体育教师在综合考虑后不能犹豫不决，要迅速形成一个比较完整的锻炼方案。

2. 执行阶段

执行阶段是意志行动的实施阶段。由于意志行动的最终目的在于实现目标，只有执行事先的决定或计划才能达到预期的目的。否则，即使行动目的制订得再远大，计划进行得再周密，都是没有意义的。我们在执行决定的过程中，需要注意以下几点。

（1）及时执行决定

做出了决定，下一步的关键就是执行。是否及时执行决定，是否付诸实践，以及实际行动中执行决定的情况如何，是判断个体意志是否坚强的重要指标。及时执行决定是指在应该采取果断行动的时候必须采取行动，既不害怕后退，也不强硬蛮干。在执行决定的整个过程中，既要踏踏实实地按计划进行，又要有一定的灵活性。执行计划要坚定并不意味着机械刻板地去执行，而是要根据实际发生的情况，实事求是，果断地调整计划，并改变方法去实现目标，这也是意志坚定的表现。例如，在体育教学中，教师首先要告诉学生要敢拼，不但要敢拼，还要头脑灵活。在"跳山羊"时，一些学生在临近"山羊"时就会胆怯害怕，这时就要鼓励学生勇于拼搏。如果还是过不去，那就考虑要把握好哪些环节才能跳过"山羊"，是需要加快助跑速度，还是需要加大支撑手的力量。

（2）勇于克服困难

在执行决定的过程中，一定会碰到许许多多的困难。例如，一些已经放弃的目的和计划可能会重新在头脑中浮现；对已经确定的目的、计划有时也会产生动摇；出现新的动机冲突；受到长期形成的习惯、心理定势的干扰；受到新诱因的诱惑，动摇了原来的决定；社会、自然环境的艰险带来的心理压力和消极情绪；体力、脑力的高度紧张，知识经验的不足；失败与挫折带来的畏难情绪以及成功带来的骄傲情绪等。只有战胜这些内外困难，采取行动才能实现既定目标。例如，一个人想好明天一早去锻炼，但是早晨发现下小雨了，究竟是去还是不去呢？这就是在执行时遇到了外部困难，他只有克服了这样的困难，才是意志行动的表现。这时可以采取一些辅助性锻炼手段，不出屋门就可以达到锻炼的目的。

（3）正确对待挫折

在执行决定的过程中，挫折是难免的，有时挫折感可能给人带来较大的打击，使人放弃努力。挫折其实一点也不可怕，可怕的是不能正确对待挫折。如果把挫折看成可以增强人的韧性和解决问题的催化剂、促使人们用更好的方法去满足需要、实现目标，那么，挫折和失败就不可怕了。人们常说"失败乃成功之母"，挫折和失败是成功道路上的不可缺少的部分，成功包含着挫折，挫折孕育着成功。意志坚强的人往往能经受住各种挫折和打击带来的失败感与挫折感，能够正确地面对成功和失败，懂得冷静地分析受挫原因，从失败中吸取经验教训，并积极寻找有效的补救方法，最后实现自己的目标。例如，在体育教学中，有些同学会因为动作不规范而受伤，下次再也不敢进行此项练习了。教师要想引导这些学生克服原来的阴影，就需要认真分析原因，并找出能够解决这个困难的办法。

意志行动的两个阶段是紧密联系的。没有意志行动的准备阶段，就不可能确立正确的目标和做出正确的决定，而没有意志行动的执行阶段，再好的决定也没有意义。只有把两者有机地统一起来，才是意志坚强的体现。

## 二、体育运动中意志品质的特征

意志品质是指一个人在实践中形成的比较稳定的意志特质，是衡量人的意志是否坚强的标准。体育运动中人们最主要的意志品质有独立性、果断性、自制力、坚韧性。

### （一）独立性

独立性表现为一个人有能力自主做出决定并执行这些决定，有责任并愿意对自己的行为产生的结果负责，并深信这样的行为是切实可行的。这种品质来自人的正确观点和信仰，是衡量一个人意志水平的首要品质。首先，独立性表现为一个人能正确理解社会的要求，并能根据社会要求提出反映这种要求的目的，使个人的目的服从社会目的。其次，独立性还表现为人在目的确立后，个人的兴趣、动机、情绪体验都自觉服从这个目的，能独立地调节行动，不依靠外力的督促与管理，不鲁莽，不任性蛮干，不盲目附和别人的行动。最后，独立性也表现为行动时头脑清醒，胜利时不自夸，不争功，谦虚谨慎，失败时不灰心，不埋怨，敢于修正错误，总结经验教训。

与独立性品质相反的意志品质是易受暗示性和独断性。前者主要表现为一个人很容易受别人的影响，毫无分析和批判的能力，行动不是从自己的认识和信念出发，而是被别人的言行所左右，没有主见，没有明确的行动方向，缺乏坚定的信心和决心。后者则主要表现为置周围人的意见于不顾，拒绝他人的正确劝告，固执己见，一意孤行。

青少年往往依赖性很强，缺乏独立性，意志薄弱，害怕困难。因此，教师更应注意在体育教学中利用各种方式培养他们的独立性。

### （二）果断性

果断性主要表现为有能力及时做出有充分根据的决定，并在深思熟虑的基础上去实施这些决定。具有果断性品质的人能够在复杂情况下明辨是非，把握机会，适时做出正确的决定，并毫不犹豫地付诸实施。果断性建立在深刻认识和明辨是非的基础上，是以意志的独立性为前提的。具有果断性品质的人，还善于审时度势，对问题情境做出准确的分析和判断，洞察问题的是非真伪，这是他们能够迅速采取决策的根本原因。果断性在体育运动中具有重要意义。例如，足球运动员的当机立断对比赛胜败有直接影响。

与果断性品质相反的是优柔寡断和冒失武断。优柔寡断的人在需要做出决策时犹豫不决，动机斗争没完没了；在执行决定时，常出现动摇、拖延时间、怀疑自己的决定等现象。冒失武断者则是缺乏思考，凭一时冲动轻率决定，草率从事，往往使行动碰壁，导致失败。

在体育教学中，教师可以采用一些传球游戏的方式来培养学生的果断性，让学生在接到球后迅速将球传出去，这个时候就需要学生在很短的时间内迅速做出传球的决定，并且要知道传给谁、用多大力量，这样就可以培养学生的果断性。

### （三）自制力

自制力是指善于掌握和支配自己行动的能力，它表现在意志行动的全过程。在做出决定时，自制力表现在能够按照周密的思考，做出合理的决策，不被环境中各种诱因左右；在执行决定时，则表现为克服各种内外因素的干扰，把决定贯彻执行到底。另外，自制力还表现为对自己的情绪状态能够进行调节和控制，并在必要时能抑制激动、暴怒、愤慨、失望等情绪体验。与自制力品质相反的品质是任性和怯懦，任性的人不能约束自己的行动、肆意妄为，怯懦的人在行动时畏缩不前、惊慌失措。

在体育游戏中，总有一些学生为了争取胜利而违反游戏规则，作为对手的学生则会感到非常愤怒，这时他们要想取得最终的胜利，就需要用自制力忍耐，继续参加比赛。

### （四）坚韧性

坚韧性也叫顽强性，其主要表现为长时间地坚信自己决定的合理性，并坚持不懈地为执行决定而努力。有坚韧性的人，总是充满信心地为实现目的而做出不懈的努力，不怕困难，不怕挫折，善于总结经验教训，把行动坚持到底。坚韧性在行动中表现为锲而不舍、持之以恒，经受得起时间考验；在困难、艰苦的条件面前，不怕苦，不怕难，不动摇，不停滞，一鼓作气，坚韧不拔。

与坚韧性品质相反的品质是动摇性和顽固性。动摇性是指对行动的目的、意义认识不深刻，在行动开始时有热情，但稍遇挫折就垂头丧气，或虎头蛇尾，半途而废。顽固性也就是执拗，执拗的人不了解自己的行动目的和方法，违背客观规律，不能灵活对待已经变化的情况，不能正确看待自己，往往固执己见，执迷不悟，结果在实际行动中到处碰壁。

个体意志品质的发展水平是不一致的。有些人的某些意志品质发展水平较高，如独立性、自制力等；另一些意志品质发展水平较低，如坚韧性、果断性等。这就使得人们在意志品质上呈现出种种差异。除此之外，在不同年龄阶段，个体的意志品质也会表现出不同的水平。

在长跑、定向越野等体育运动中，往往能考验学生的坚韧性，有些学生可能因为怕累怕苦而中途放弃。体育教师应采用鼓励和设置阶段目标的方式，通过这些项目培养学生的坚韧性。

## 三、体育运动中意志品质的作用

体育运动是以克服一定的困难和障碍为特征的，需要有良好的意志品质才能克服这些困难。研究表明，优秀运动员取得优异的成绩，30%取决于心理因素，而意志作为运动心理的一个方面，占 15% 左右。坚强的意志品质是体育运动中必不可少的一种心理品质，其作用主要有以下表现。

### （一）意志在体育运动中起保证作用

体育运动由于具有强身健体的作用而备受人们重视，而强身健体又需要不断地克服疲劳、胆怯和其他不良情绪反应，需要学生动员自身意志去应对各种变化。例如，进行发展力量素质、增强肌肉力量的锻炼，就要进行克服人体内外阻力的负重练习；进行发展耐力素质、增强心肺功能的锻炼，就必须采用长时间持续运动，与疲劳做斗争，这一切都离不开克服困难的行动，都需要意志作保证。学生如果没有坚强的意志，就很难克服以上困难。

因此，教师要想取得良好的体育教学效果，就需要采用各种方式使学生在进行学练时，将锻炼转变为他们自觉的意志行动，这样才能产生稳定的动机并不断深化意志过程，从而保证他们在各种体育运动中刻苦、顽强地练习。

意志薄弱的学生遇到一点困难就退缩。例如，由于高度紧张用力造成肌肉酸痛就中断练习；因疲劳而产生厌倦情绪，不能保证规定的练习次数和时间，导致无法产生良好的锻炼效果。

### （二）意志在体育运动中有制止行动的作用

意志制止行动的作用主要表现在两方面：一是制止错误行为，二是制止与预定目标相矛盾的行动。在体育运动中，一方面要制止与体育运动无关的行为，如扰乱秩序的打闹；另一方面，还要制止与预定目标相矛盾的行为，如学生感觉比较累，想放弃练习时，就需要意志来终止这种想放弃的行为，坚持完成体育锻炼。

有时，人认识到自己当前的行为是错误的，但由于惰性心理或已形成错误行为习惯，在改正错误行为时，就需要意志予以纠正。意志坚强的人，能较快地认识到错误行为并给予纠正；反之，有些人在改正错误行为时则需付出较大的意志努力,作艰苦的动机斗争和行为纠偏。有时，为了完成某项任务,意志会使人放弃某些妨碍完成该任务的行动。例如，学生为了在体育比赛中取得好的名次，强迫自己放弃喜爱的电视节目而参加训练等，就是意志对行动的制止作用。

### （三）意志能促进体育教学中的智力活动

意志与兴趣、情感一样，属于非智力因素，能保证和促进智力的发展。这是由于意志的参与使学生的智力活动更具有目的性和方向性，智力活动就会进行得更为广泛和深入。

意志对学生的认识过程有很大影响，这是因为由于意志的参与，学生的认识活动会从被动转向主动，由无意注意转向有意注意，这有利于提高学生的认识水平。同时，学生在进行认识活动时，总会遇到各种困难和挫折,需要通过意志努力才能克服。所以良好的意志品质（如独立、自制、坚韧、果断等）会促进学生认识能力的提高。

注意与观察力、记忆力、想象力一样，属于智力范畴，在体育教学中占有十分重要的地位。学生只有付出意志努力，才能在学练中克服外界的各种干扰，保证有意注意的进行。例如，听教师讲解动作要领、动作方法、游戏规则，观察同伴的动作，评议同伴的练习质量，都需要学生集中注意力，专心致志。

# 第二节　体育运动中培养学生良好意志品质的策略

陶行知曾指出，学生的学习光靠智力不行，光有学习的热情也不够，还得有坚持到底的意志，才能克服大的困难，使学习取得成功。坚强的意志品质不是天生的，也不是一朝一夕所能形成的，而是在不断克服困难的过程中逐步形成与发展起来的，是长期磨炼、不断积累的结果。经常参与体育运动，不仅可以培养学生的意志品质，有助于学生掌握运动技能，还能激发学生的体育学习动机，提高学生的认识能力，调节情绪，培养个性等目的。更重要的是，通过体育运动增强的意志品质可以应用到日常生活和学习中。

## 一、确立目标，树立信心

明确的目的是推动和指导人的意志行动的首要条件。体育教师在培养学生意志品质的时候，要让学生对客观事物有正确的认识，明确进行体育运动的意义和作用。

### （一）明确学习的目标

体育教师应首先让学生明确学习的目的，以使他们明白行动的方向，增加行动的自觉性。学习目标有两个方面的作用：一是明确努力的依据，二是目标激励。所谓目标激励，就是通过确定适当的目标，诱发人的动机和行为，达到调动人的积极性的目的。只有不断激发学生对高目标的追求，才能激发其奋发向上的内在动力。学习目标是学习的出发点，也是学习的归宿。学习目标越明确、越鲜明、越具体，越有益于学习的成功。因此，在体育教学中，教师应指导学生设置合理的目标，这可以对学生的体育学习和锻炼起到激励和维持的作用。在实现目标的过程中，学生通过对困难的克服和对目标的坚持，达到增强意志品质的目的。

### （二）结合情感培养，推动意志行动

意志与情感是相互影响和制约的，所以培养学生良好的意志品质应该与情感培养结合起来。特别是学生在学习、锻炼过程中的集体责任感和荣誉感，是培养学生意志的强大推动力。

教师不但要重视学生个体的情感培养，更要善于在教学过程中调动全体学生的积极性，营造一个积极向上的情感氛围，形成集体的力量，来推动意志行动。例如当一个学生在进行困难较大的练习时，如果全班学生的热情很高，有许多学生为他加油鼓劲，他的情感和意志就会受到感染和鼓舞。

鼓励是教师用积极的情感所产生巨大的影响力来培养学生意志的手段。教师可以采用语言、手势、表情或其他方式在意志锻炼的关键时刻对学生进行鼓励。

## 二、学习榜样，磨炼意志

### （一）发挥榜样的教育作用

从古至今不少名人、英雄在不同时代、不同领域为人类、为祖国做出了卓越的贡献，他们的成就和事迹无不与顽强的意志品质联系在一起。这些事例都可以作为教育中的榜样，成为意志培养的巨大动力。

学生周围看得到的人或事虽不像英雄那么伟大，但从直观性角度来看，榜样的效果也很好。教师要善于从学生中间或他们熟悉的人和事中选取典型，作为磨炼学生意志的榜样。例如，在支撑跳跃练习中，如果身材矮小的学生克服困难完成了动作，这位学生果断、勇敢的意志行动一定会鼓舞全体学生去努力克服困难。

### （二）教师意志的影响作用

教师在教学过程中表现出意志的果断性和坚定性可以直接激发学生的内在力量。教师的这种影响不在于表现得严厉，而在于从爱护和关心学生的角度出发，以和善、宁静的态度来提出要求，使学生受到感染，相信其所提要求的正确性，从而接受教师的教育和指导。

教师在做动作示范时的果断精神和完美的动作姿态，也是一种对学生无声的意志鼓励，因为在动作示范中学生可以看到教师的自信心。教师在讲解动作、原理和健身知识时，流利的语言、肯定的语调，也会对学生在实践时有一定的启发作用。

教师坚强的意志品质与一定的外部表现恰当地结合起来，对培养学生的意志有更好的作用。夏天的烈日下，教师面对阳光，将阴凉让给学生，教师陪伴学生跑步，与学生一起游戏，这种意志行动更能打动学生，是学生的好榜样。如果教师夏天戴上帽子、太阳镜，冬天穿得臃肿不堪，不与学生一起运动，同时又对学生提出这样或那样的培养意志的要求，显然缺乏说服力，也无法取得好的教学效果。

### （三）在与困难做斗争的过程中磨炼意志

坚强意志是在与困难做斗争的过程中培养出来的。可以这样说，优良意志品质就是在实践道路上克服困难取得成功的代名词。

在体育教学中，教师应向学生提出具有一定难度的学练任务，设置由小到大的困难，逐步增加动作的难度、运动的时间等，使学生直接感受意志的考验，逐步增强克服困难的勇气。

教师在选择运动时，不应该只考虑或迎合学生的兴趣。为了培养学生的意志，教师有时需要组织一些有一定困难的运动，使他们的意志得到锻炼，如队列训练、野营、远足、越野跑、跳绳等。

### （四）加强意志的自我锻炼

教师的教育指导、榜样和集体的影响都只是意志培养的外部作用，而意志培养最终是通过学生的自身锻炼而形成的。教师要看到学生自我锻炼意志的愿望，并鼓励他们自主运动。例如，对自觉性较强的高年级学生，可以引导他们自己制定有一定难度的目标，并指导他们正确分析主客观情况，选择适当的锻炼方法。学生在明确行动目的和了解困难过程以后，意志锻炼的收获会更大。例如，在长跑锻炼时体能分组的自主组合，跨越障碍高度的自主选择，举重次数的选择等，都可以作为自我加强意志锻炼内容。锻炼以后，还可以开展互评、自评小结活动，这种互相交流是对学生学练和加强意志锻炼的进一步深化。

## 三、规范制度，严明纪律

纪律既是意志培养的结果，又是意志培养的手段。要造就有纪律、有意志的人，就要积极对其进行意志培养。

### （一）建立必要的常规制度

在体育教学中，必须建立对学生意志培养有益的常规制度，让学生自觉地去遵守，如集合整队、队列练习、分组有序练习、竞赛和游戏等都要有所规定。对常规制度，教师既要严格执行，又要让学生清楚它的意义。遵守纪律能培养学生意志的自觉性、坚韧性和自制性。

建立必要的常规制度，加强纪律性教育，绝不是否定学生而恰恰是发展和培养学生的个性和创造力。因为只有有了良好的意志品质，学生才能主动自觉地投入各项学练活动，开动脑筋，发挥想象力和创造力，努力完成事先确定的各项任务。

### （二）加强教育培养

人的意志是逐步形成和发展起来的，对青少年来说，通过日常教育培养，从小处着手，坚持不懈，从而养成学生良好的纪律习惯是十分有益的。学校纪律、课堂纪律和良好的集体氛围对学生进行意志培养有重要作用。

纪律养成是长期反复的过程，教师要通过引导，对学生遵守制度的情况进行必要督促、鼓励和检查，增强学生执行制度的信心，并培养学生养成自我监督、自我检查的能力。

在纪律养成过程中，当学生意志较为薄弱时，说服不能起到应有的作用，这时教师可以采取适当的强制方法，即在必要的时候要求学生无条件服从。例如，在教学过程中，为了保证安全，投掷实心球一定要按教师的哨音信号操作，而不能随便活动。这样的教育对学生的意志品质也是一种培养。

## 四、安排得法，要求有度

通过体育锻炼增强体质的过程本身就能培养学生的意志品质，但是否做到安排得法和要求有度，会直接影响意志培养的效果。

### （一）因人而异，因项目而异

由于所受教育程度和生活环境的不同，学生的意志表现会有很大差异。有的学生十分固执，教师应从自觉性、目的性和原则性方面着手培养，使他们理解固执与顽强的区别。对胆小而易受影响、犹豫不决的学生，教师就应该着重培养他们大胆、勇敢、果断的品质。对经常盲目草率行事的学生，应当多启发他们的自觉性，培养他们的责任感。对于任性、缺乏自制力的学生，应培养他们的自制力。而对于做事虎头蛇尾、有始无终的学生，要培养他们坚韧不拔的毅力。

对不同意志水平的学生，也需要采取不同的要求、不同的方法来进行培养。有的学生宜用启发诱导和表扬，有的学生宜用制度和纪律进行约束，有的学生则宜用加"压"的方法。这就要求教师深入了解学生，在意志教育中因人而异，个别对待。

在体育教学中，不同的运动项目和组织教法对各种意志品质的锻炼效果也会有所不同。教师要根据教材进度安排，结合不同学生的意志水平，选择一定的项目，进行有目的、有所侧重的培养。

1. 球类运动培养果断性

球类运动的特点是场上形势变幻莫测，比分交替上升，气氛紧张激烈，扣人心弦。在这种充满竞争的运动中，学生为了在比赛中取胜，必须全力以赴，最大限度地发挥自己的运动能力、聪明才智和潜能，奋勇拼搏。因此，球类运动对每一个参与者来说不仅是对体育运动能力的检验，还是对其意志品质的一种考验。例如，在球类比赛中，场上情况瞬息万变，且球类比赛需要默契配合，这就需要学生具备迅速而果断地做出决策的能力。在两队交战时，学生要根据场上的具体情况及时运球、传球、组织进攻并阻止对方的进攻，任何犹豫不决都可能造成失误。因此，经常参与体育运动，尤其是球类运动，有助于提高学生的果断性意志品质。

2. 对抗性、腾空或跨越障碍类项目培养勇敢品质

对抗性体育项目对于养成勇敢的意志品质具有显著的效果，典型的对抗性项目有拳击、摔跤、武术对练、球类运动等。其中，球类运动是学生普遍喜欢的集体性对抗项目。参加球类运动不仅可以发展人的速度、耐力、灵敏等身体素质，还能培养勇敢顽强的拼搏精神。例如，在足球比赛中，争球的时候不仅要求队员应具有良好的爆发力和准确的判断力，还要奋勇拼抢，尽可能地为本队提供进攻或防守的机会，在对抗性体育项目中，奋力拼抢可以锻炼学生勇敢的意志品质。

另外，参加腾空、跨越障碍等体育运动（如跳高、跨栏、体操等），可以使学生克服身体和心理障碍，坚定毫不畏惧完成任务的决心和信心，从而形成勇敢的意志品质。

### 3. 自觉遵守规则磨炼自制力

任何参与者都应该遵守体育比赛和游戏的规则，否则比赛和游戏就不能进行下去。体育规则的制定一方面是为了保护参与者的安全，如果没有一定的规则，就很容易出现危险；另一方面，也是为了比赛和游戏能够更具有公平性和观赏性，更有参与的价值。

积极地参与体育运动、体育比赛和游戏，在其过程中自觉地遵守规则，这在一定程度上可以约束和规范学生的行为，能够锻炼参与者自制的意志品质。

### 4. 锤炼抗挫折能力，提升坚韧性

坚定的意志品质是在与困难做斗争的过程中锻炼并在实际行动中表现出来的。只有在困难面前付出最大的意志努力，才能取得锻炼意志的效果。通过参加难度较大，持续时间较长的体育运动（如长跑、游泳等），可以培养学生坚持到底、战胜困难的品质，使学生养成克服困难的习惯，形成坚定的意志品质。

需要注意的是，体育锻炼要循序渐进。体育锻炼的目标难度过大会使学生望而生畏，失去信心；但设置的目标太简单也不利于坚韧意志的形成和提高。因此，设置的目标应略高于学生的能力水平，待其达到此目标后，再逐渐增加目标的难度。随着困难的不断克服和目标的不断实现，学生会感觉到自己在进步，其信心才会不断增强，并体验成功，这样学生才会坚持锻炼下去，从而达到形成和提高坚韧意志品质的目的。

## （二）采用形式多样的教学方法

在体育教学中，教学方法运用得当可以创造良好的意志锻炼条件和氛围。例如，采用竞赛的方法可以强化学生的集体责任感，让学生在比赛中表现出积极进取、顽强拼搏的意志品质，而通过游戏可以培养学生合作、自信和自制的意志品质。

在学练活动中，不同的组织方法对意志的培养可以产生不同的效果。例如，采用友情结伴法，发挥每个人的优势，互相鼓励和帮助；按体能分组，可以对不同小组提出不同目标；全班进行练习，则可以营造热烈的气氛，让全体学生尽情表现，施展才能。在教学中要灵活运用不同的

组织方法。

另外，学校体育教学多在室外进行，各种气候条件和校园地形都可以成为意志锻炼的有利因素，教师要善于利用和创设一些困难环境来磨炼学生的意志。

### （三）练习难度和运动负荷要适度

在体育教学中，合理的练习难度和运动负荷不仅是锻炼身体的需要，也是锻炼意志的需要。教师对学生提出的动作完成难度目标，应该是学生通过一定的意志努力后能够完成的。难度太大无法完成，会使学生丧失信心；难度太小又不需要意志努力，也就无法培养学生的意志。因此难度的设置要恰当，并由小到大，由简到繁，逐步增加。

运动负荷的安排，如跑的距离、运动时间、肌肉负荷量、跳跃的高度及远度、间歇时间等，都要掌握尺度。负荷的安排以全面发展、避免出现过度疲劳为前提，逐步增加运动负荷，使每个学生都能得到意志锻炼的直接感受，从而使他们树立信心，增强克服困难的勇气。

# 第五章　体育运动与人格培养

## 第一节　体育运动中的人格

### 一、人格的概述

人格的英文单词起源于拉丁文，原意指古希腊时戏剧演员在舞台上戴的假面具，它代表剧中人物的身份。人格与个性这两个术语已广泛应用于心理学文献中，但至今无公认的适当定义。例如，著名人格心理学家奥尔波特( G.W. Allport )曾统计了有关人格的 50 个不同定义。许多心理学家往往根据他们的研究需要，各自给人格下一个定义。米歇尔（W. Michel）在 1980 年对人格所下的定义是"人格是心理特征的统一，这些特征决定人的外显行为和内隐行为，并使它们与别人的行为有稳定的区别"。对这一定义，我们可从三方面去理解：第一，人格不是指个别心理特征，而是个体的全部心理特征的组合；第二，构成一个人的人格心理特征不是偶然现象，而是一贯的稳定特征；第三，每一个人都有不同于他人的一组人格特征。所以，心理学家在谈到人格时，首先涉及的是个体的差异，即与其他人相区别的个人特征。

人格差异又称个性差异，是指个人在稳定的心理特征方面的差异。"人心不同，如其面焉"。世界上找不出两张完全相同的脸，也找不出在性格上完全相同的两个人。例如，有人热情善于交际，有人冷漠孤僻，有人才思敏捷，有人反应迟钝，有人温顺，有人暴躁，有人顽强果断，有人优柔寡断，等等。这些都是对不同人格特征的描述。

由于人格理论众说纷纭，对于众多的人格特征如何分类，目前尚无公认的看法。我国流行的心理学教科书一般将人格特征分为心理倾向特征和个性心理特征两个方面。前者包括需要、动机、兴趣、理想、信念和世界观；后者包括能力、气质和性格。西方心理学一般不作这样的区分，统称上述特征为人格特征。

体育教学中的个体差异主要是指在教学中表现出来的学生个体在生理、心理和身体素质发展上的内在差异。教师在体育教学中了解学生的个体差异以及他们在性格、气质等方面的差异，这对体育教学效果的提高具有十分重要的意义。

## 二、体育运动中学生的气质特征及指导策略

气质类型差异是因材施教的依据，也是因材施教的结果。所谓气质，是指人的典型、稳定的心理特点。从气质类型的差异与因材施教的关系看，气质类型的个体差异是因材施教的心理依据，了解学生在气质类型上的差异，是因材施教的基础。因为气质类型本身是多因素、多侧面的，而且处于不断变化之中。所以，体育教师要不断地加强对学生的了解，以便有针对性地进行指导。

### （一）胆汁质类型的特征及指导策略

胆汁质类型的学生在体育学习中精力旺盛、情绪高昂、勇敢顽强、积极性高；能主动参与练习，爆发力强，反应迅速，动作技能掌握得较快，具有较强的完成动作的能力，但不注意动作细节；能承担较大而集中的运动量，但易疲劳；能积极练习新讲授的动作，但往往高估自己，情绪变化剧烈，自制力差，容易冲动；常常做力所不能及的动作；喜欢和别人竞赛，在对抗性练习中表现出较强的攻击性，容易和同学发生不良冲突；对于动作节奏较慢的学习内容（如太极拳等），表现得比较压抑和被动。

对于胆汁质类型的学生，教师应采取正面教育的策略，在充分肯定学生积极热情和优点的同时，适当控制他们的兴奋点，培养其自制力；准备运动的时间相对短些，教学中应以完整教学法为主或缩短分解练习的过程；对他们尽可能安排动作规则和次序都较严格的教材（如武术、形体操、韵律操等），让其习惯于耐心、沉着、稳健的运动；在每次身体练习之前，宜采用"默念"和"自我暗示"的方法，以稳定其情绪，消

除其任性、急躁等消极情绪；还要启发他们的积极思维，使其找出自己动作的不足之处，不断体会动作要领；练习中要注意他们动作的细节部分，提高动作规范度。在集体练习时，要教育他们以友好的态度对待同学，培养自我控制能力；在安排对练时，尽量避免两名胆汁质类型的学生在一起，以防发生冲突。同时，教师要加强对这类学生自我保护能力的培养，帮助其克服难以自制的盲目情绪。另外，教师还可以结合教学内容，选用旋律动听、柔和的音乐，营造适宜的教学氛围。

### （二）多血质类型的特征及指导策略

多血质类型的学生在体育学习中热情活泼、思维活跃、反应迅速，接受和模仿能力强，动作掌握较快，练习主动性高，但他们缺乏耐心和细心，往往只求较快地掌握动作，而不注意动作细节，一旦动作被基本掌握，就会满足于现状，不愿意进一步提高。这类学生在学习时情绪容易激动，注意力容易转移，情绪不稳定；不愿完成单调的动作，对难度大的动作有着浓厚的兴趣，喜欢自己琢磨。

多血质类型学生的指导策略是要教育他们明确动作练习的目的，培养他们认真钻研的学习精神，鼓励他们的学习热情。在开始学习动作时，教师不要给予过多的指导，只要讲清动作要点，让他们自己钻研即可；教法要灵活，可选择多种教学内容，相对多地采用示范法，以适应其模仿能力强的特点；在动作掌握到一定程度时，应对他们提出更高的要求，必要时可增加新的动作，但要防止他们仅凭兴趣学习；要多给他们一些运动的机会，在一个学习内容上练习时间不宜太长，内容和方法难易要适中，使其经过努力就能获得成功；多安排一些需要刻苦练习才能获得学习效果的运动（长跑、游泳、力量性练习），使其在练习中培养持久、稳定的兴趣；在完成动作后，教师对动作要点要给予提示，启发学生的积极思维，还可结合教学内容选用旋律优美、安宁的音乐来集中学生的注意力。

### （三）黏液质类型的特征及指导策略

黏液质类型的学生在体育学习中主要表现为踏实且耐受力强，情绪较稳定，不易外露，但灵活性不高，学习有惰性，缺乏主动性；对有难度的动作常常会产生畏难情绪，有回避练习的表现；对所学习的动作一旦产生了兴趣，就能表现出较强的积极性，并能坚持较久，但掌握动作的速度较慢。

黏液质类型学生的指导策略是帮助他们树立学习的信心，启发他们的积极思维、鼓励他们踊跃参加练习；准备运动的时间相对长些，在学习动作技能的初期给他们以具体细致的指导；动作方法和要领的讲解相对细致些，分解教学的比例大些，并给予足够的思考时间；教学计划安排要突出细节，做到清晰、明确、全面；当学生初步掌握动作后，则可让学生以自主练习为主；多让学生练习灵活性要求高的项目（如球类、跳跃、短跑、韵律操等）；引导他们自我鼓励加深兴奋程度，使其情绪高涨，教师对他们在学习中取得的成绩要给予鼓励，可结合教学内容，选择轻松愉快、舒展奔放的音乐来激发他们的学习热情。

### （四）抑郁质类型的特征及指导策略

抑郁质类型的学生在体育教学中的主要表现是善于观察动作细节，情感体验深刻，想象力丰富，但灵活性差，学习信心不足，缺乏主动性，掌握动作的速度较慢，不会主动请求教师和同学给予帮助与指导。

抑郁质类型学生的指导策略是多给予他们体贴和关心，增强其勇气，鼓励他们勇敢完成动作，培养其大胆、果断的无畏精神；教师要主动接近他们，特别是在学习新动作时要耐心地指导，多采用正误对比的示范方法，引导其建立正确的运动视觉表象；采用连续变换练习法，如跳跃的高度、投掷的重量等，以提高其学习积极性；经常让他们看到自己的进步，必要时适当地降低要求或放慢学习速度，并对他们微小的进步给予肯定；帮助他们树立信心，使其能独立进行练习，巩固已掌握的动作；多安排一些灵活性较强的运动（如简单的球类），并选择不同的标准使他们每个人都有获得成功的机会，即使失误也不要过于指责，更不能让他们当众进行错误示范；让他们多参加集体性练习活动和比赛，帮助他们克服孤僻、忧虑和自卑感；可选择热情、奔放、节奏感强的音乐来增强其学习兴趣。此外，教师在课外活动时要安排时间对这类同学进行个别辅导。

　　应该指出的是，教师应多关注胆汁质和抑郁质的学生。因为这两种类型的学生如果教育不当，容易出现病态心理。由于胆汁质学生通常都好胜心强，而且活动节奏比较快，心理紧张度较高，往往容易出现疲劳，导致神经衰弱，甚至出现抑郁性心理障碍。因此，教师在体育教育中要特别培养这类学生养成有节制、有秩序的体育学习习惯，注意劳逸结合。当抑郁质学生碰到困难的动作或有不如意的事发生时，本来就比较"脆弱"的神经往往承受不住，大脑皮质容易转入慢性抑制而导致歇斯底里。因此，教师在体育教学中，要尽量让这类学生体验到真挚的友谊、集体的温暖和生活的乐趣，使他们满怀信心地投入体育学习。

　　气质本身无好坏之分，每一种气质类型都有其积极的一面和消极的一面，在每一种气质类型的基础上都有可能发展出优良品质。在体育教学中，教师应尽量了解学生的气质类型，正确对待学生的气质特征，掌握不同气质类型学生的学习特点和学习态度，有针对性地采用灵活的教学手段，充分发展学生潜在的体育能力，激发学生潜在的心理品质，利用其积极的方面，塑造优良的人格品质，克服消极品质。

## 三、体育运动中学生的性格特点及指导策略

　　性格是人对现实稳定的态度以及与之相适应的习惯化的行为方式的个性心理特征。性格是多种多样的，是表现人的社会性及精神面貌的主要标志，是个性中具有核心意义的部分。它代表了一个人稳定的、独特的心理风格。从心理活动倾向性上划分，性格可以分为内倾型和外倾型，两种性格类型具有各自不同的特点，在体育教学中教师可以针对其特点采取不同的调控策略。

### （一）内倾型学生的特点及指导策略

　　这类学生大多具有黏液质和抑郁质两种气质类型的特征。他们遇事沉着，善于思考，但活动呆板，灵活性较差，自信心不强，常常低估自己的能力，敏感性高，意志薄弱，练习过程中对有难度的动作时常产生恐惧情绪，不善于与同学交往，课中最佳学习状态出现较晚，但持续时间较长。

对于这类学生可参考黏液质和抑郁质学生的指导策略进行指导。要以赞扬和鼓励为主，善于发现他们学习中的细微进步，并给予及时的表扬。同时，对他们在体育学习过程中遇到的困难和问题要给予耐心的指导和真诚的帮助，尽量避免不必要的批评，更不能讽刺挖苦。此外，对他们的体育学习要提出明确的、具体的、切实可行的目标，让他们在完成一个个学习目标的同时，体验成功的乐趣，提高学习的兴趣，增强学习的信心。

### （二）外倾型学生的特点及指导策略

这类学生大多具有胆汁质和多血质两种气质类型的特征。他们性格开朗、倔强，学习积极主动，反应较快，练习动作时不怯场，不计较小的得失，但往往从兴趣和情绪出发，练习中喜欢表现自己，喜欢听表扬的话，容易过高地估计自己；学习缺乏计划性和持久性，最佳学习状态出现得较快，但保持时间较短；乐于帮助同伴，与同学能友好相处。

对于这类学生可参考胆汁质和多血质两种类型学生的指导策略进行指导。教师要保护他们学习体育的积极性，不宜对他们进行过多的表扬，防止其出现自以为是的情绪，对他们的不足之处要及时指出，有时可进行严肃的批评；多采用提示法，如"快""稳住"等语言提示，使其将注意力集中在学习方面，以排除外界的干扰；可发挥他们的特长，鼓励他们努力指导和帮助同伴进行体育学习。

在体育教学中，教师要注意以学生不同的性格特征为依据采用不同的教学方法，贯彻因材施教的原则，发扬某些性格类型的长处，弥补某些性格的不足之处，激发学生的学习兴趣，调动学生学习的积极性和主动性，发展学生的体育能力，完善学生的性格。

# 第二节　体育运动中健全人格的培养

## 一、体育运动中健全人格的培养方式

### （一）健全人格的特点及类型

根据国内外的研究,可将健全人格概括为各种心理特征的完美结合。其具体特点如下。

1. 内部心理和谐发展

人格健全者的需要和动机、兴趣和爱好、智慧和才能、人生观和价值观、理想和信念、性格和气质都向健康的方向发展。他们的内心协调一致、言行统一,能正确认识和评价自己的所作所为是否符合客观需求,是否符合社会及道德准则,能及时调整个体与外部世界的关系。一个人如果失去其人格内在统一性,就会出现认识扭曲、情绪变态、行为失控等问题。

2. 能够正确处理人际关系和发展友谊

人格健全者在人际交往中显示出自尊和他尊、理解和信任、同情和人道等优良品质。友谊使人开朗、热情和坦诚。而缺乏友谊的人,在情绪上往往有很大的困扰,轻则产生恐惧、焦虑、孤独,重则产生多疑、嫉妒、敌对、攻击的心态和行为。对那些嫉妒心强的人,很难想象他们能在互惠的基础上与人合作;傲慢自大的人也绝不会虚心地倾听别人的意见。人格健全者在日常交往中既不随波逐流,也不孤芳自赏,能够使自己的行为与朋友、同事、同学协调一致。

3. 能把智慧和能力有效运用到可获得成功的体育运动中

人格健全者在运动学习和竞赛中被强烈的创造动机和热情所推动,并能和他们的能力有效地结合起来,从而勇于创造、善于创造,经常有所发现、有所革新、有所建树。他们的成功常常会给他们带来满足和愉悦,并形成新的兴趣和动机,使他们的生活更加充实。

随着科学技术和物质生产的发展，人们开始重视人的潜能研究，这为心理学领域带来一次新变革，心理学家根据他们的临床经验，运用心理测验、访谈等方法，对被认为具有较高心理健康水平的人进行研究，提出了以下几种健全的人格类型。

1. "创造性"类型

该类型者是指可以使用自己的所有力量、潜能和能力控制行为的人，其特点是具有创造性思维。创造性思维会使人真正意识到与思维对象的关系，意识到对思维对象的关心，有真正的幸福体验。这里的幸福不只是愉快的体验，还是一种生机盎然、充满活力、身体健康和个人各种潜能得到实现的状态，以良心为其定向系统。该类型的人有一种特殊的良心，弗洛姆称之为"人本主义"良心。支配心理健康者的人本主义良心引导人们以一定的行为方式，实现人格的充分发展和表现，并使人获得幸福感。心理健康者也是自我定向者，是自律的。

2. "成熟者"类型

美国人格心理学家奥尔波特在哈佛大学长期研究高心理健康水平的人，认为"成熟者"具有自我扩展的能力，与他人交往热情，关系融洽，情绪上有安全感，自我接纳，具有现实性知觉，客观地看待自己，有多种技能，并专注于自己的事业，行为的一致性是其人生哲学。

3. "自我实现者"类型

美国人本主义心理学家、人类潜能运动的先驱者马斯洛对"自我实现者"进行了深入研究。发现这些人都满足了自我实现的需要，所有的能力都得到了运用，所有的潜能都得以实现。马斯洛从"自我实现者"身上归纳出以下特点：能充分地、准确地认识现实；对自己、他人和整个自然都能够最大限度地认同和接纳；有自然、朴实的纯真和美德；经常关注社会上的疑难问题；喜欢独处，有超俗的品质；独立自主，不受文化和环境的约束；有高品位的鉴赏力；常有高峰体验；能建立持久的友谊和民主价值观；拥有富有哲理的幽默感；有创造性；能积极地适应现存的社会文化类型。

4. "功能充分发挥者"类型

美国人本主义心理学家罗杰斯（Rogers）指出，"功能充分发挥者"

认为幸福并不意味着一个人所有的需要都得到满足，如财产和地位。幸福的真谛在于积极参与实现的倾向，在于持续的奋斗，而不是奋斗的结果。罗杰斯认为"功能充分发挥者"具有五种特征：①他们的社会经验都能正确地、符号化地进入意识领域；②自我协调；③以自己的内在评价机制来评价经验；④自我关注；⑤乐意给他人以无条件的关怀，能与其他人高度协调。

## （二）培养学生健全人格的方式

在体育教学的实践中，应积极发展学生的人格动力系统、人格特征及心理状态，使学生将人格的各个特征有机地结合，构成一个能够自我调节、自我控制、自我完善的活动系统。具体的培养方式如下。

1. 提高认识，满足学生的合理需要

满足学生的合理需要是有效激发动机的关键。在体育运动中，尽管每个学生都有自己特殊的需要，但多数人的需要可以归为以下三种。

（1）追求乐趣的需要

体育运动的魅力之一，就是具有鲜明的挑战性和趣味性，并能使身心活动融为一体。为了保持体育的这种魅力，体育教师在教学过程中应丰富体育教学内容，以满足每个学生对体育运动的需要；练习方法和手段要多样化，让所有学生都有参与运动的机会，允许学生在练习过程中有更多自主选择的机会。

（2）归属感的需要

学生在参加体育运动时都希望自己成为集体的一员，为集体增添积极色彩。如果取胜是集体的目标，他们会为之努力，因为他们迫切希望成为集体的一部分，迫切希望被教师和集体所接受。体育教师可以将集体成员的资格作为一种颇具诱惑力的奖励，以鼓励这类学生为优良成绩去努力拼搏，以集体的荣誉感来激发他们的成就动机。

（3）实现自我价值和展示自己的需要

实现自我价值和展示自己的需要是体育运动中最普遍、最强烈的需要。这种需要的特点是由学生归因特点决定的，无论对哪种学生来说，自我价值感都可能是他们最珍惜和最悉心保护的精神财富。展示自己的才能并使他人承认自己的价值，或者不必得到他人的尊重而自认为有价值、有能力，都可以满足这种需要。体育运动的各种任务时时都在向人的能力提出挑战，教师必须尽可能地保护学生，不要使他们失去自我价值感。

对于经常失败的学生，体育教师应帮助他们重新确定目标，并尽可能设法通过需要引导他们积极改善归因的控制点，这样才能有效地培养和激发他们的内部动机。例如，对于在体育比赛中屡受挫折、自尊心受到极大伤害的学生，教师应帮助他们重新确定切实可行的目标，引导他们将失败归因于努力不够，并积极为其创设成功环境，提高其自身的价值感，保护其自尊心。

2. 培养和激发学生的内外动机

在体育教学过程中，教师应有目的地通过启发信念和价值观来激发学生的内部动机。例如，教师在参加比赛前对其学生说："为了准备这次比赛，你的确练得很努力，你应对准备工作感到满意，我相信你肯定能充分发挥出自己的水平。"这就是教师通过内化法来激发学生动机的典型例子。同时，教师可以通过改善教学方法与练习环境来培养和激发学生的间接动机，如采用变换练习场地、改善练习设备条件、改变学生练习分组、改变传统的练习方法等方法。

培养和激发学生的运动动机更重要的是给予学生自主权和培养其责任心。在体育教学过程中，教师对于体育运动所做的安排往往比较适合学生的发展，但也应知道，最了解学生状况的莫过于学生自己。一旦学生学会了如何自己设计运动计划，掌握了做出正确决策的方法，他们可能会设计出更好的计划，可能会有更强烈的责任心去执行自己亲手制订的计划。体育教师应根据学生的能力和水平，在一定的范围内给予学生自主权，这样做不仅能培养和激发学生的内部动机，而且会使学生在将来的生活和工作中受益。

3. 培养学生积极参与体育锻炼的心理

心理能力主要是指个体在一定的心理结构中对一系列信息进行加工、处理时所表现出来的心理控制能力，它是由许多心理因素构成的复合体。培养学生体育锻炼心理能力可从以下几方面着手。

（1）培养学生良好的心理控制能力

在体育运动中，教师一方面要引导学生将注意力放在控制和把握那些可控因素上，如技术、思维方式、注意的范围和方向、对失误的反应等；另一方面，要能够有效地应对那些不可控的因素，如天气、对手、场地等，在受到干扰的情况下，使学生迅速地重新将注意转向可控因素。成功的学生能够鉴别出哪些因素是可控因素，哪些因素是不可控因素，并且不断发展和完善自己的控制能力，以使自己能有比较稳定的比赛表现。

（2）启发学生加强自我锻炼，培养坚强的意志品质

学生坚强的意志品质不仅在周围人们的影响下形成，而且在自我修养和自我锻炼中也会形成坚持、果断、勇敢、自制、顽强和独立等心理品质。自我锻炼是培养坚强意志品质极为重要的条件。学生的意志品质既是在教师一贯严格要求和监督下养成的，也是在日常平凡的事情中不断严格要求自己和经常自我锻炼的结果。教师应满腔热情地启发和帮助学生掌握自我锻炼的方法，制订自我锻炼的计划，引导他们积极磨炼自己的意志，教育他们在采取决定时要充分估计主、客观条件，做到全面可行，执行决定要态度坚决、有始有终、持之以恒。另外，教师还应该要求学生养成自我检查、自我监督、自我暗示和自我鼓励的习惯，这对学生意志的自我锻炼是十分重要的。

（3）培养学生的责任感

在社会生活中，个人的行为总是对社会和他人产生直接或间接的影响，因而每个人的行为必须对他人或社会负责，必须按一定的社会规范去行动。

责任心一旦树立，并成为性格的组成部分，就具有稳定性，使人能自觉、主动、积极地尽职尽责，当一个人圆满地尽到自己的责任时，会产生满意的、愉快的情感，如果没有尽到自己的责任，会深感不安和内疚。可以说，有了责任心，个人的价值才能得到充分、合理的体现。培养起未来一代的责任心，是对人类未来负责的表现。儿童从收拾玩具、整理书籍、完成教师布置的作业和班级交给的任务等具体活动中，体验按集体利益行事的必要性。随着年龄的增长和社会活动范围的扩大，这种意识逐渐深化为对他人热情关怀，对朋友忠诚守信，对学习和工作认

真负责，最终发展到关心整个社会，热爱祖国。

对动作学习持有高度责任感的人也是严于律己的人。真正成功的学生，为了对动作学习负责，任何时候都不满足于自己的成绩。他们善于评价别人的能力，同时也经常向自己提出新的和复杂的任务，推动自己去寻找提高学习效果的新方式和新方法。

（4）培养学生敏锐的观察能力

敏锐的观察力使人能随时注意新事物，并能观察细枝末节。具有敏锐观察力的人对于任何领域发生的事物，都能给予关注，进行一分为二的考察，并能很快地得出正确的结论。思维是能力的核心部分，思维的发展是能力提高的必要条件。教师在体育教学中必须培养学生分析问题和解决问题的能力；要有效地发展其正确的判断力，经过思考能预见事物发展的结果的能力，使他们善于把自己的动作学习与其他人的动作学习进行比较，找出问题和需要改进的地方，并提出新的见解。

## 二、结合体育竞争的特点培养学生的自尊、自信

在体育教学中，教师应该明确体育教学的目的，积极不断地从学生动作练习的反馈中寻找合理的、学生能够接受的教学方式和方法，以及科学地安排教学、控制运动强度。同时要不断地教育学生明确体育学习的目的，端正体育学习的态度，使他们努力锻炼、热爱体育。结合体育的特点来培养学生的自尊、自信的具体方法如下。

### （一）培养学生的自信心，保护学生的自尊心

自尊心是性格结构中的可贵品质。苏联教育家苏霍姆林斯基认为："人类有许多高尚的品格，但有一种高尚的品格是人性的顶峰，这就是个人的自尊心。"自尊的人渴望表现自己，进取心强，关心自我形象，对平等有强烈的要求；热爱真理，尊重客观现实；既不孤芳自赏，也不随波逐流，对他人能接纳和信任。正因为如此，自尊心能使人采取积极的生活态度，成为推动人不断进取的巨大动力。缺乏自尊心会使人产生自卑心理，自轻自贱、妄自菲薄，甚至自暴自弃。缺乏自尊心的学生在和他人交往时，常常会出现困难，有孤独感；他们的荣誉感、成就感等降

低，容易丧失向上的勇气和决心，变得意志消沉，遇到挫折有可能就此沉沦。在体育教学中，教师切忌侵犯和伤害学生的自尊心。对那些由于某种原因造成自尊心缺乏的学生，要积极引导，使他们懂得人生，懂得自我的价值。

培养自信心的关键是要肯定自身的存在价值，学会客观地分析自己，既要看到自己的长处，也要了解自己的短处。看不到自己的长处，容易产生自卑心理，看不到自己的短处，容易产生傲慢心理。这样的人在困难面前往往会失去信心。

有时，体育学习焦虑会导致学生的自尊心受到威胁，一旦学生感到自己的价值受到别人的怀疑或遭到贬低时，其自尊心就会受挫，并产生焦虑。保护学生自尊心有助于提高他们的自信心和减少焦虑。学生对体育学习的自信心是他们对于能够掌握所学体育知识、动作技能的信念或确信程度，它是在体育学习中表现出来的一种认知特征。为培养学生的自信心，教师要相信学生，鼓励他们在体育学习中积极练习，并适度地运用表扬和鼓励的手段。教师应根据教学内容、学生的气质类型、兴趣爱好及其技能水平等特点，合理地选择或搭配一些动作难度适宜、学生兴趣高的教材内容，做到因材施教。对于高焦虑的学生要给予具体的指导，并尽可能为他们创造和提供表现自己运动才能的机会，使他们在体育学习中认识到自己的价值，从而激励其体育学习的信心。教师要帮助学生正确地认知和理解过去的体育学习结果，帮助学生在体育学习时将心理倾向于运动本身，即把动作掌握得更规范些，而不是倾向于运动的结果，以促使学生充分发挥其潜能并体验到成功感，从而为他们树立自信心奠定基础。

## （二）引导学生养成正确的竞争意识

竞争是推动个体不断前进的一种精神力量。它的作用是激励人们努力奋斗，求得个人的发展和整个社会的进步。因此，不能否定社会竞争的必要性。强中更有强中手，竞争的结果必然有胜利者，也必然有失败者。胜利和失败、超前和落后通常又是可以转换的。竞争中的失败并不意味着断送了前程，关键在于总结经验教训，以利再战。

　　竞争意识是人们普遍存在的一种心理品质，在日常生活、工作、学习中随处可见。每个学生在学习上都有超过其他同学的愿望，表现出很强的竞争意识。对此，教师应该引导学生向积极的竞争方向发展，克服自卑和嫉妒。

### （三）运用心理技术，调整学生的不良行为

　　由于体育教学内容的多样性，学生人格特点的不同，学生在体育教学过程中所表现出来的行为对他们的学习积极性和自觉性等方面的影响存在一定差异，因此体育教师可以利用体育课的开放性和交流感情的直接性等有利条件，深入学生体育学习的环境，并用诚恳的态度、真挚的热情与学生交谈，关心学生，爱护学生，尊重学生，启发学生全面认识和正确对待各种问题。教师应多鼓励和帮助学生分析自己的有利因素和掌握动作的潜力所在，也可诱导他们回忆过去掌握一定难度动作时的喜悦情感，以改善他们的心理状态，调节其焦虑水平。愉快的心情可以大大减少神经能量的消耗，甚至还可激发斗志。教师在与学生谈话时要根据学生的特点和具体情况，灵活而有针对性地循循善诱。

　　调整学生的不良行为还应从心理训练入手，在找出造成学生不良行为的主要原因之后，对症下药，采取一些心理调控手段。例如，对于那些敏感、体能基础差、容易焦虑的学生，教师可通过言语、动作或表情的方式，给予学生心理暗示，使其自然放松。此外，教师还应教会学生进行自我暗示，经常用自言自语或默念的形式来鼓励自己。采用自我暗示的方法以引导适宜的行为，可消除消极的思维。

# 第六章　体育运动与社会适应

## 第一节　运动学习中的人际关系

人际交往是人最基本的交往，是个人社会化的必经之路。在成长过程中，无论是成功还是失败，无论是幸福还是痛苦，都与人际交往分不开。没有交往和关系，就没有人生，就没有一切。交往以及由此建立的人际关系是一个人生活的基础。心理学家的研究和社会实践表明，对于任何一个人来说，正常的人际交往和良好的人际关系是其心理获得发展、个性保持健康、生活具有幸福感的重要前提。对青少年这一年龄段来说，交往的意义更为突出。

人际交往是指在社会活动中人与人之间进行信息交流和情感沟通的联系过程。交往活动无论是直接的还是间接的，都是人类必然出现的一种社会活动。它的必然性来源于人的需要所决定的合群倾向。合群倾向是人际交往的驱动力，是人际交往的心理基础。

人生来就有种种需要，最基本的是生理需要和安全需要，以求得生存。其次是归属的需要、尊重的需要和自我实现的需要，以求得自身发展与完善。无论何种需要，在内部或外部刺激的作用下，人们意识到它们的存在，从而产生满足这些需要的愿望或要求，这就是动机。在动机的推动下，人们开始行动以满足需要，这个心理过程就是：需要—动机—行为。

参与运动能满足"需要—动机—行为"这个心理过程，增加人与人接触和交往的环境和机会。一个人通过参与体育运动，可以忘却烦恼和痛苦，消除孤独感，并逐渐形成与人交往的意识和习惯。有研究表明，外向性格者比内向性格者的社会交往需要更强烈，这种社交需要通过跳舞、打球等集体性的运动可得到满足。性格内向者更应该参与集体性运动，使自身个性逐步改善。

## 一、人际关系的本质

人们在共同的实践和精神活动中彼此建立起的关系，称为社会关系。社会关系包括的内容很广泛，其中有政治、法律、道德、宗教、心理等关系。人际关系是社会关系中的重要组成部分，它最大的特点是具有情感基础，也就是说，人际关系是在人们相互间产生一定情感的基础上形成的。

体育运动的特点和环境，强调的就是集体主义，参加运动的过程就是与他人紧密合作和配合的过程。事业走向成功的时候，功劳归集体，关键时刻又靠个人的力量完成动作；事业走向失败的时候，主要责任在个人。运动员的所有个人成败都面向公众。在一个集体中，人际关系是否协调，心理气氛是否融洽，直接关系这个集体或代表队的团结（内聚力的强弱），也关系成员们的"士气"（成员为集体荣誉而奋力拼搏的态度与决心），并影响集体的效能（教学、训练和比赛的成绩）和前景（集体有无良好的发展前途）。人际关系对社会关系中的其他关系，如同事关系、亲属与夫妻关系，都有重要的影响作用。

人际关系是社会关系的成分，是在感情基础上形成的，它对集体和社会中的其他关系都有重要影响。不断协调个人、集体中的人际关系，形成良好的心理气氛，是提高集体效能和个人事业成功的重要因素。

研究表明，个体坚持体育锻炼的一个重要原因是与他人交往或参与群体活动的意愿。布拉尼认为个体参与群体活动可增强其群体认同感。坚持体育运动者要比中途退出者更能与他人建立亲密的关系。

一些研究认为，青少年参与运动的程度与家庭成员、好朋友参与运动的程度紧密相关，好朋友参与运动的程度比家庭成员的参与程度更能影响青少年参与运动的程度；对个体参与运动程度而言，同性别家庭成员的参与运动程度要比异性成员参与运动程度影响大；家庭、好朋友喜欢体育锻炼的青少年更易形成朋友支持网络，并形成良好的人际关系。体育锻炼不仅能促进人的社会交往活动，而且体育运动的社会交往特性又会吸引人参与和坚持体育锻炼。

在运动群体中，有威信、受欢迎的人大约占 10%，其中受拥戴的是运动能力较强的人，其原因主要有以下几点：①善于交际，这是以对他人的关怀和了解、真诚和坦率为基础的。②具有丰富的知识，较高的专业技能，并愿意传授他人、帮助他人。③在学习态度、工作价值以及社会背景等方面都堪为楷模。④个人体魄健壮，以及仪表、风度都获得他人好感。

## 二、人际交往中的信息沟通

信息沟通是人际交往中的主要形式，而沟通的方法可以分为两大类：语言沟通和非语言沟通。在人际交往中，语言沟通是最准确、最有效的沟通方法，也是运用最广泛的沟通方法。精练而准确的语言表达，不仅能使交往中的信息得到准确地传递，而且能够增强对方的信任感。非语言沟通也能给人留下深刻的印象，甚至有时候可以达到"无声胜有声"的效果，比语言沟通传达更多、更深、更广的信息。在运动参与中，除了语言沟通，更多的是肢体语言沟通，也时时刻刻渗透在与同伴的交流、与对手的较量中，运动氛围的"场效应"给予人们更大的信息交流空间。

# 第二节　体育团队的心理

## 一、学校体育团体的概念与特征

所谓团体，是指有共同目的、志趣的人组成的集体。学校体育团体则是指体育教师和学生在共同规范与目标指引下，以特定方式组合起来的协同活动的结合体。从社会心理学的观点看，团队具有以下几个特点：各成员相互依附，在心理上彼此意识到对方；在行为上相互作用，彼此影响，在道德结构上，以共同的信仰与一致的目标作为心理上相互联系的纽带，有同属于这一群体的感受，即归属感。

从本质来看，集体、群体和团体都是同义词，体育运动中的团体是由体育教师、学生或运动员、教练等在同一规范与目标的指引下，协同工作的组织形式。在体育教学、训练和比赛中，教师、学生或运动员、教练为实现共同的目标，各司其职，扮演着自己的角色，同时，每个人都遵守着共同的行为规范，团结在一起，协调合作。

在体育运动中，人们参加各种运动经常以团体成员的身份出现。然而，并不是所有团体中的个体都能够自觉地凝聚在一起，为达到他们共同的目标而付出努力。许多研究者指出，一个团体，尤其是一支成功的运动队，它是一个有生命力的群体，其成员全身心地投入共同的任务之中，他们团结一致并能够从中获得乐趣，他们最终总能高质量地实现目标。

## （一）团体凝聚力的概念

团体的凝聚力又称为内聚力，"凝聚力"一词是由拉丁语中的cohaesus演变而来的，意思是"黏合在一起"。运动心理学家Carron（1982）将体育运动中的团体凝聚力定义为团体在追求目标的过程中和（或）为了满足成员的情感需要，团结在一起，保持一致倾向的动态过程。这一概念得到了人们的普遍认同。体育团体凝聚力是指体育教师和学生之间或教练与运动员之间彼此吸引、共同追求某一目标或分担团体目标的动态过程。体育团体凝聚力可以通过教师、学生或教练、运动员对团体的向心力、责任感、团体荣誉感以及齐心协力同外来团体竞争的士气等表示，也可以用师生之间以及学生与学生或队员与队员之间融洽的关系、友谊和志趣等说明。

在体育竞赛中，教练和运动员普遍认为团体的凝聚力对运动队最终能否获取成功起着至关重要的作用。我们经常听到这样的一些说法："士气是取得战争胜利的唯一的、最伟大的因素""团结就是力量""凝聚力就是战斗力"等。将团体成员团结组织在一起可以满足运动员的需要，驱使他们竭尽全力实现团体目标，提升他们之间的信任感，并获得队友间的友情和支持，正因为这样，教练总是会采用譬如赛前的动员会、赛前特别的仪式、赛前的共同进餐等方法来激发队员的团队精神。

在大众健身领域，成为各种锻炼形式的团体成员是促使自己坚持体育锻炼，以保证从体育运动中获益的有效方式。为了加强人们参加健身运动的耐性，健身运动的社会指导员也不停地尝试在他们的训练班中培养团队凝聚力。

在学校体育中，不论是在上体育课的班集体、课外体育运动组以及体育俱乐部中，还是在校运动队中，学生之间的相互联系、协作性的活动较多，体育教师在其中常常充当处理个体与个体、个体与团体之间关系的组织者和协调者。团体凝聚力是衡量一个集体是否有战斗力，集体活动是否能够达到预期目标的重要指标。

### （二）体育团体凝聚力的特征

凝聚力强的体育团体主要有以下特征：①成员之间有高度的相互吸引力。在学校体育团体中，师生之间、学生之间的相互吸引力越强，该团体的凝聚力越强。②对有关团体的问题采取共同的态度。③团队组织得好，能理解和接受成员的需要，相互关心，相互协助。

## 二、体育团体内的心理相容性

体育团体是指某人群，在同一规范与运动目标的指引下协同活动的一个组合体。组成群体的各个成员意识到其他成员存在并相互影响，建立起相互依存的关系与情感。团体的概念不是简单的聚集，其必须要求群体内的若干个体，在意识和行为上相互联系或影响，有一个共同的行为目标，遵守统一的行为规范。这也是维系团体生存的必要条件。

体育团体分教学群体和友伴群体，它们的突出特点是强调知行的统一，思维活动和身体练习紧密结合，以小团体的形式，个体与个体、个体与团体在学习和运动过程中完成协作和对抗；并且性格相似或互补，在情绪上互相感染、相互认可或支持，具有很强的凝聚力，同时存在排他性；对自然产生的领导言听计从，每一个人对团体都有一定程度的归属感。

一个体育团体是否能长期存在，使团体内的每一个成员在情绪上享有共同情感，相互满足心理需要，并能有效地行使它的职能，在学习、训练和比赛中取得优异成绩，运动群体内的心理相容性与内聚力是决定因素。

心理相容性反映团体内人际关系的融洽程度。心理相容、关系融洽才能同心协力、同舟共济；否则，心理相容性低、关系紧张会影响运动群体在学习、训练和比赛中的效能。在体育运动中，运动团体内的成员，心理相容能力的高低，直接影响运动成绩。在集体项目（篮球、排球、足球）中，运动员之间心理相容性与良好的运动成绩呈正相关；而在个人项目和小集体项目（射击、田径）中，相关系数则低。

## 三、体育团体内的内聚力（凝聚力）的发展与提高途径

### （一）体育团体内的内聚力（凝聚力）的发展

与体育团体内的心理相容性密切相关的另一重要因素是群体的内聚力，内聚力这一概念最早由勒温提出并加以研究，费斯丁格将它明确地定义为"是群体成员留在群体内对他们施加影响的全部力量的总和。"这里所说的"全部力量"是指群体对成员的吸引力。

日本学者丹羽等人，将体育运动团体的内聚力概括为五种吸引力：①群体内人际关系的相互吸引力。②群体所进行活动的吸引力。③成员实现个人的吸引力。④群体威信的吸引力。⑤群体的目标和课题的吸引力。

心理相容性是团体内聚力的基础。心理相容使群体能够执行自己的职能；使群体的目标得以实现，而内聚力则使群体关系的发展达到一种特殊水平，使全体成员最大限度地为集体的共同目标而奋斗，共同实现群体价值。

团体发展的水平就是内聚力发展的水平。大体分为三种水平：①初级水平，内聚力表现为情感接触的发展。②中级水平，群体内的团结进一步加强，成员们的共同活动与群体的基本价值系统相吻合，即遵从于群体的基本原则。③高级水平，全体成员分担群体活动的共同目的，向更高的水平统一。

### （二）提高体育团队凝聚力的途径

提高体育团队凝聚力有以下途径：①团体的目标任务必须尽量与个人目标相一致，使其成员觉得实现自我目标的最佳途径是实现团队的目标。②培养成员的团队意识、荣誉感和责任感，团队的目标、任务应对

成员有一定的压力。③团体成员间应保持良好的人际关系，尽量克服和缓解团队内存在的矛盾和冲突，最好是在矛盾与冲突的萌芽状态时就加以解决。④树立体育教师的威信。

# 第三节　体育运动中的领导行为

## 一、体育社团领导在运动群体中的领导

体育社团中的运动群体，无论规模大小，领导者在其中都扮演着极其重要的角色。他在行使职能、协调群体内的人际关系、增进心理相容、提高内聚力方面都居于主导地位。从管理心理学的角度，应区别领导与领导者的概念。领导是引导和影响个人和组织在一定条件下实现某种目标的行动过程。除了进行专门的技能、技巧、战术、素质和心理的训练，还要在各个方面以身作则，成为表率，为运动队负起全部责任。

### （一）体育社团领导的素养

1. 素质与魅力

体育社团领导者要以高尚的人格来影响运动员，并且要具备强烈的事业心、进取心、责任心，严于律己，在人格上取得运动员的充分信任，如此才能有效地实施领导职能和管理角色。

2. 高超的管理能力

高超的管理能力主要表现为卓越的管理才能，使自己的团队成员对自身潜能挖掘达到极致。

3. 领导方式

团体动力学的创始人德国心理学家勒温（Kurt Lewin）在实验研究的基础上，根据行使权力和发挥影响的不同方式，将领导者分为三类：①专制式领导。主要依靠领导者的个人的能力、经验、知识、胆略来指导团体或组织的活动，大多数独断专行。②民主式领导。以平等主义思想为指导，尊重成员的不同能力及资历，领导者以人格感召为主，使属下

由衷地追随和接受领导。③放任式领导。采取无为而治的态度，一切活动由下属成员自己摸索，团体或组织的方针和决策也由下属自行决定，除了成员要求外，一般情况下领导对工作不提意见，对工作成果也不加评论。在这种情况下，成员士气不高，工作效率也低。在实际工作情景中，①、③类极端的领导方式并不常见，大量的领导者往往处于两种极端类型之间。领导者的基本功能是组织功能和激励功能。实现组织和激励功能的过程就是领导行为，激励能力的强弱，直接关系领导的行为效能。

### （二）社团领导发挥领导功能的先决条件

决策权：社团领导应该能够对一个运动团队的组织架构、人员选配及其目标的实现所采取的行动步骤等起决策性作用，即有为实现团队目标而采用何种手段与方法的决定权力。

权威性：社团领导受到大家的拥护，运动团队的成员能够响应社团领导的号召，按照社团领导的要求去行动。如果缺乏上述条件，社团领导就不能开展卓有成效的工作，其领导功能就得不到充分的发挥。

## 二、教练领导行为

### （一）关于教练的影响力

所谓影响力，就是一个人在与他人的接触、交往和工作的过程中，影响和改变他人心理和行为的能力，教练的影响力是指教练为实现团队目标，在同运动员的接触和指导过程中，对运动员的心理、行为、运动技能以及成绩水平产生影响的程度。任何一个团队的领导者要实现有效的领导，都必须具有影响力。可以说，每个人都有一定的影响力，只不过是影响的范围与强度不同罢了。根据教练影响和改变他人心理和行为的能力的形式可分为强制性影响力和自然性影响力。

1. 强制性影响力

强制性影响力也被称为权力性影响力，是被组织任命而获得教练职务，同时也获得了在运动队中的地位和权力后所形成的，是教练对运动员进行的一种带有强迫性的影响力，在运动团队的日常训练中，强制性影响力表现为教练提出训练、比赛计划和其他各种要求等，以指令性任务的形式下达给运动员，运动员则表现为要按照教练的指令和布置的任务去执行、去完成。运动员一般是要被动地接受、服从教练的指挥与领导。在这一过程中，最基本的管理手段就是奖励与惩罚。

### 2. 自然性影响力

自然影响力也被称为非权力影响力，教练和运动员都有这种影响力。只是因为各自本身的特征与条件的差异，而在力度和范围上有所不同。教练作为运动队的领导者，除了社会组织赋予他的强制性影响力外，更需要的是具有本身内在的吸引力和感召力。它基于教练本身的能力与人格魅力，源于他的业务水平和自身的心理品质和道德修养等。自然影响力与强制性影响力差异很大，自然性影响力会经常性、潜移默化地表现出来，对运动员心理上、行为上的影响是深刻的，运动员的服从也是心甘情愿的。因此，这种自然性影响力的作用要比强制性影响力更大、更深、更持久。

在运动团队中，教练是从两个方面产生影响力的，一个是从人的方面，另外是从情境的方面。在具体进行领导行为的过程中，教练和运动员的影响力是相互交叉进行的，教练、运动员和情境三者之间彼此相互作用、相互影响。当然，在某一时期，教练的有效领导主要取决于自身的人格特征和特定的情境作用。

## （二）教练权威的建立

所谓权威是指一种客观存在的社会心理现象，是一种让人甘愿接受对方影响的心理倾向。教练的权威就是运动员心悦诚服地去接受教练的领导，对其的要求与指令认真执行，这是运动员或团队目标得以实现的重要保证。权威可以概要地表述为：权威＝权力＋威信。其中权力是上级组织赋予的，而威信则是让人信任和乐于接受的。尽管教练与运动员之间的影响作用是相互的，但教练往往处于支配地位，其影响力要比运动员大得多。

奖惩权力是教练所掌握的报酬性权威和强迫性权威的体现，合法性权威是指教练所处地位与权力，专家性权威是指教练的业务能力和专业水平，模范性权威是指教练本身的吸引力和成员对其的敬佩与喜爱。

# 第七章　体育教学中的心理技能训练

## 第一节　心理技能训练概述

### 一、心理技能训练

在体育教学与训练中，心理技能训练是有目的、有计划地对学生的心理过程和个性心理特征施加影响的过程，也是采用特殊的方法和手段使学生学会调节和控制自己的心理状态并进而调节和控制自己的运动行为的过程。

心理技能训练是体育教学与训练系统不可缺少的一部分，它影响、制约着学生技术、战术水平的提高和体现，可促进学生心理素质不断完善，使学生的心理状态适应训练和比赛的要求，为达到最佳竞技状态和创造优异成绩奠定良好的心理基础。

心理调节能力和技术能力、战术能力一样受后天环境和实践的影响，可通过训练获得和提高。心理调节能力的训练遵循一般技能训练的规律，必须长期、系统地进行。心理技能训练往往会受到训练方法、手段、训练者和接受训练者等各种因素的影响，因此，心理技能训练的成效会因人而异，不同运动项目中的心理训练形式和内容也会表现出较大差异。

从促进学生的全面发展来看，心理技能训练追求效果的迁移，即不但使学生对某种情境中的某个问题的心理调节能力得到提高，而且使其对其他情境中的其他问题的应对能力也得到提高；不但使学生在自己的运动生涯中受益，而且使其终身受益。其最终目的是使学生勇敢地、从容地、理智地、巧妙地面对一切困难。这也是心理技能训练中容易被忽视的一个重要原则，既要解决训练和比赛中的心理技能问题，同时更要让学生认识和理解基本的心理调节理论，掌握心理调节方法，不仅在学生生涯中发挥积极作用，还要让这些心理技能的训练积极地影响他们的整个人生。

## 二、心理技能训练的理论与方法

在体育教学中，心理技能训练能够被引入、应用并迅速发展，其主要原因就是它们具有极强的应用性。但是，如同其他体育实践方法一样，心理技能训练实践也需要一定的理论来指导，才能在此基础上创造出一些与之相适应的心理技能训练的方法。从几种在体育教学中比较常见的心理技能训练的方法来看，心理技能训练的理论主要包括行为主义理论和认知主义理论。以下对这两种理论和由此衍生的心理技能方法作些简单的介绍。

### （一）行为主义理论与方法

行为主义理论的主要观点是认为心理学不应该研究意识，而应该研究行为，把行为与意识完全对立起来。在研究方法上，行为主义主张采用客观的实验方法，而不使用内省法。行为主义理论是一种刺激—反应的联合理论。行为主义者认为，行为就是有机体用以适应环境刺激的各种身体反应的组合。该理论把环境看作刺激，把伴随刺激产生的行为看作反应。认为学习者的学习是其对刺激情境所作出的反应，所有行为都是习得的。他们将学习者学到的行为解释为刺激与反应之间的联结，并认为整个心理学的任务就是确定刺激和反应的联结。该理论还认为，心理活动是存在的，但它是无法捉摸的，因而也无法成为科学的观察对象，而只能去关注和观察人的行为，所以心理学是一门行为科学。以行为主义理论为支撑的心理技能训练的方法主要包括放松训练、生物反馈训练和系统脱敏训练等。

### （二）认知主义理论与方法

认知主义理论既强调外在的客观因素（环境），也强调学习者内在的主观因素（心理结构），并把重点放在两者的结合上，主张学习就是将外在事物的关系内化为学习者自己的心理结构（认知结构）的过程。该理论认为，学习者的心理结构不仅可以探知，而且是影响学习的决定因素。另外，认知心理学理论在学习方法上倡导发现学习和接受学习的形式。无论是"发现学习"还是"接受学习"，都非常强调学习者内部积极的思维活动。因此，基于认知主义理论的心理技能训练的方法主要包括表象训练、认知训练、心理暗示训练等。

# 第二节　体育教学中的行为干预方法

在体育教学中，为了降低技能学习和训练时的应激反应，常常采用行为干预方法，如放松训练和系统脱敏训练等。

## 一、放松训练在体育教学中的运用

### （一）放松训练的定义

放松训练是以暗示语集中注意，调节呼吸，使肌肉得到充分放松，从而调节中枢神经系统兴奋性的过程。目前普遍采用的是美国芝加哥生理学家雅克布森首创的渐进性放松方法、德国精神病学家舒尔兹提出的自生放松方法和中国传统的以深呼吸和意守丹田为特点的松静气功三种放松训练方法。各种放松练习方法的共同点是：注意力高度集中于自我暗示语或他人暗示语，深沉的腹式呼吸，全身肌肉的完全放松。

### （二）放松训练的作用

放松练习后，大脑呈现一种特殊的放松、安静状态，简称"松静状态"。这种状态有别于日常的清醒状态、做梦状态或无梦睡眠状态，我们可以通俗地称它为半醒的意识状态。此时，人的受暗示性极强，对言语及其相应形象特别敏感，容易产生符合言语暗示内容的行为意向。总的来说，放松练习的作用主要有以下几个方面：第一，降低中枢神经系统的兴奋度。第二，降低由情绪紧张而产生的过多能量消耗的恢复。第三，为进行其他心理技能训练打下基础。

全身各部位肌肉放松、中枢神经系统处于适宜的兴奋状态、注意力高度集中，是许多心理调整练习的基础。这种放松状态是放松训练主要的和直接的目的。

### （三）放松训练的程序

#### 1. 自身放松训练

自生放松训练是指练习者按照自己的意愿，使自身产生某种生理变化的一种训练，有人叫作自律训练。自身放松强调的是呼吸调节、温暖感和沉重感。

放松训练的一般要求是：①将注意力高度集中于自我暗示语上；②需要清晰、逼真地想象带有情绪色彩的形象；③能够清晰感知肌肉不同程度的紧张状态，从极度紧张到极度放松；④进行深沉而缓慢的腹式呼吸。

预备姿势：训练者舒适地坐在一张软椅上，胳膊和手放在椅子的扶手或自己的腿上，双腿和脚呈舒适的姿势，脚尖略向外，闭上双眼。想象自己套上一副放松面罩，这副神奇的面罩把脸上紧锁的双眉和紧张的皱纹舒展开来，放松了脸部的全部肌肉，眼睛向下盯着鼻尖，闭上眼睛，下巴放松。嘴略微张开，舌尖贴在上牙龈，慢慢地、柔和地、放松地深呼吸。当空气吸入时，会感到腹部隆起，然后慢慢地呼出，呼出的时间是吸入的两倍，每一次呼吸的时间都比上一次更长一些。

放松训练中常用的指导语：①平静而缓慢地呼吸，我的呼吸很慢很深。②我感到很安静。③我感到很放松。④我的双脚感到沉重和放松。⑤我的踝关节感到沉重和放松，我的膝关节感到沉重和放松，我的双脚、踝关节、膝关节、臀部全部感到沉重和放松。⑥我的腹部、我的身体的中间部分感到沉重和放松。⑦我的双手感到沉重和放松，我的手臂感到沉重和放松，我的双肩感到沉重和放松，我的双手、手臂、双肩全部感到沉重和放松。⑧我的脖子感到沉重和放松，我的下巴感到沉重和放松，我的额部感到沉重和放松，我的脖子、下巴、额部全部感到沉重和放松。⑨我整个身体都感到安静、沉重、舒适、放松。⑩我的呼吸越来越深、越来越慢。⑪我感到很放松。⑫我的双臂和双手是沉重和温暖的。⑬我感到十分安静。⑭我的全身是放松的，我的双手是温暖的、放松的。⑮轻松的暖流流进了我的双手，我的双手是温暖的、沉重的。⑯轻松的暖流流进了我的双臂，我的双臂是温暖的、沉重的。⑰轻松的暖流流进了我的双腿，我的双腿是温暖的、沉重的。⑱轻松的暖流流进了我的双脚，我的双脚是温暖的、沉重的。⑲我的呼吸变得更深了、更慢了。⑳我的全身感到安宁、舒适和放松。㉑我的头脑是安静的，我感觉不到周围的一切。㉒我的思想已专注于身体的内部，我是安闲的。㉓我的身体深处，我的头脑深处是放松、舒畅和平静的。㉔我是清醒的，但又处于舒适的、安静的、注意内部的状态。㉕我的头脑安详、平静，我的呼吸更慢更深。㉖我感到一种内部的平静。㉗保持一分钟。㉘放松和沉静现在结束。深吸一口气，慢慢地睁开双眼，我感到生命和力量流进了我的双腿、臀部、腹部、胸部、双臂、双手、颈部、头部。这力量使我感到轻松和充满活力。

2. 渐进放松训练

渐进放松训练是一种通过暗示语使身体各部位先紧张再放松最后达到全身放松的方法。渐进放松强化训练的是肌肉不同程度的紧张和放松的准确体验。渐进放松训练可分为三个阶段：基本渐进放松训练；加上暗示语的渐进放松训练；在不同场地的渐进放松训练。

渐进放松训练的基本步骤：①握紧拳头→放松；伸展五指→放松。②收紧二头肌→放松；收紧三头肌→放松。③耸肩向后→放松；提肩向前→放松。④保持肩部平直转头向右→放松；保持肩部平直转头向左→放松。⑤屈颈使下颏触到胸部→放松。⑥尽力张大嘴巴→放松；闭口咬紧牙关→放松。⑦尽可能地伸长舌头→放松；尽可能地卷起舌头→放松。⑧舌头用力抵住上颚→放松；舌头用力抵住下颚→放松。⑨用力睁大眼睛→放松；紧闭双眼→放松。⑩尽可能地深吸一口气→放松。⑪肩胛骨抵住椅子，拱背→放松。⑫收紧臀部肌肉→放松；臀部肌肉用力抵住椅垫→放松。⑬伸腿并抬高 15 ~ 20 cm →放松。⑭尽可能地"收缩"→放松；绷紧并挺腹→放松。⑮伸直双腿，足趾上翘背屈→放松；足趾伸直趾屈→放松。⑯屈趾→放松；翘趾→放松。

随着放松技术的掌握程度越来越熟练，可以逐渐从躺式到坐式最后到在不同的场地上进行放松训练，即第三个阶段是渐进放松训练的最高阶段。

### （四）体育教学中常见的放松方法

在体育教学的实践中，常用如下几种行之有效的放松方法。

1. 意念性放松（自我暗示法）

自我暗示是通过多次重复某些词句或口诀来实现的，其实质就是让自己去做什么或不做什么，对什么可以产生情感或对什么不应动情感等。

2. 律动放松

根据选配不同的节奏、不同旋律的乐曲调节学生的心理状态，即在各种节奏、旋律下进行各种形式的放松练习，如舞步、放松韵律操、集体舞等，一般安排在课堂的结束部分。

3. 主动性放松

学生处于等待再练习时的一种根据自己做练习的情况，主动进行的某种动作的放松调整，将自己的心理和身体调节到适宜水平。

4. 运动中的自我调节放松

这是一种要求学生在不停止的练习中所进行的自我调节的放松方法。例如在长跑中通过改变步幅、摆臂的幅度、呼吸的节奏等，使疲劳得到缓解。

5. 呼吸调节法

这种方法根据人的交感神经系统与副交感神经系统相互作用的原理，通过调节呼吸影响其他植物性神经功能，从而调节情绪。即将注意力暂时集中到呼吸上去，就会降低大脑兴奋水平，出现"松弛反应"，从而有利于学生稳定情绪、消除紧张。

放松调整运动贯穿于体育课的各个环节和各项练习中。教师在放松调整运动中重视运用心理调适，可以使放松调整运动达到事半功倍的效果，有利于教学任务的顺利完成，同时又能培养学生良好的心理素质。

## 二、系统脱敏训练在体育教学中的运用

### （一）系统脱敏训练的含义

系统脱敏疗法是由交互抑制发展起来的一种心理治疗法，所以又称交互抑制法。它是由美国学者沃尔帕创立和发展的。这种方法主要是

诱导求治者缓慢地暴露导致神经症焦虑、恐惧的情境，并通过心理的放松状态来对抗这种焦虑情绪，从而达到消除焦虑或恐惧的目的。它是通过一系列步骤，按照刺激强度由弱到强，由小到大，逐渐训练心理承受能力、忍耐力，增强适应力，从而达到最后对真实体验不产生"过敏"反应，保持身心的正常状态。如果一个刺激所引起的焦虑或恐怖状态在求治者所能忍受的范围之内，经过多次反复的呈现，他便不再会对该刺激感到焦虑和恐怖，治疗目的也就达到了。在患者面前出现焦虑和恐惧刺激的同时，施加与焦虑和恐惧相对立的刺激，从而使患者逐渐清除焦虑与恐惧，不再对有害的刺激发生敏感而产生病理性反应。

### （二）系统脱敏训练的依据

系统脱敏训练的理论基础是学习理论，即经典的条件反射与操作条件反射。因此，系统脱敏训练方法的基本假设是：①个体是通过学习获得不适应的行为的。②个体可以通过学习消除那些习得的不良或不适应行为，也可以通过学习获得所缺少的适应性行为。

通过对上述基本原理的了解，我们可以更好地在体育教学过程中理解和运用系统脱敏训练方法。解决学生在体育学习中遇到的一些心理问题，从而提高教学效果和水平。

### （三）系统脱敏训练的步骤

第一步，诊断。对当事者的心理问题进行诊断，确定其是否适用系统脱敏疗法，如果适用，即向当事者说明此方法是辅导他的一个有效疗法，希望当事者配合。

第二步，制表。根据每个当事者的心理问题，制定出一份脱敏层次等级表，从引起焦虑、紧张的最轻微的情景到最强烈的情景，依次排列出若干等级。例如，对一个考试焦虑者，根据他一听到要考试就开始焦虑，直到考试时焦虑达到最高点，列出考试焦虑等级表。

第三步，脱敏。按照等级次序一步步进行放松训练。先让当事者运用想象达到松弛状态。想象第一个等级的情景出现了，例如，听到了一周后就要考试的消息，当事者的心跳加速，开始紧张，这时进行松弛训练，直至心慌消失。之后，待想象第一个等级的情景时不心慌了，再对第二个等级进行松弛训练。一个等级一个等级依次脱敏下去，一直把所排的等级全部脱敏。

第四步，模拟。当事者在做完所有等级的脱敏后，有条件的可创设当事者最敏感时的情景进行模拟训练。

在体育教学中，由于教学内容、方法及客观环境的影响，学生在心理上要承受一定的压力，从而出现心理紧张情绪，产生心理障碍，这对体育教学产生不利影响，既影响学生技术动作的掌握和发挥，又会对学生身体健康产生不良的影响，只有让学生克服心理紧张情绪，消除心理障碍，了解动作技术环节，才能把教学搞好，使学生身心得到全面发展。比如，学生对一些陌生或者有难度的教学表现出焦虑、恐惧和紧张等心理。在这种情况下，教师就可以考虑采用系统脱敏的方法对这些学生进行有效的干预，消除他们的焦虑、恐惧和紧张等负性情绪，提高教学效果，实现教学目标。

### （四）系统脱敏训练的注意事项

第一，系统脱敏法的关键是确定引起过激反应的事件或物体。但有时较容易看到的过激反应事件并不一定是真正引发心理障碍的原因，所以应找到真正的致病原因，结合"认知调整法"标本兼治。如有的人对某些项目的恐惧或焦虑只是一个表面现象，如果不理解致病的真正原因，系统脱敏的效果就并不理想。后来找到了真正的致病原因——身体缺陷导致自卑、逃避、幻想、心理失衡，对自身身体采用系统脱敏和认知调整法相结合的方法进行治疗，立即取得了良好的效果。

第二，系统脱敏疗法可用于自我心理治疗，也可用于对他人的心理治疗。需要指出的是，它只是一种心理疗法，不能代替应付某一刺激所应有的认识、能力、方法与技能，就如不怯场并不等于能考好，不怕水并不等于会游泳一样。所以，如果将系统脱敏法与实际本领训练相结合，效果会更佳。

第三，如果引发求助者焦虑或恐惧的情境不止一种，可以针对不同情境建立几个不同的焦虑等级表，然后对每个焦虑等级表实施脱敏训练。

第四，在系统脱敏过程中，当一开始焦虑水平过高时，仅靠重复放松很难降低，此时应当将焦虑等级划分得更细致一些，使每个等级之间跨度不要太大。

需要注意的是，由于系统脱敏训练是基于想象的一种方法，一旦学生的想象力不足，还需要做一些适当的想象力训练，否则会影响系统脱敏的效果。

# 第三节　体育教学中的认知干预方法

## 一、表象训练在体育教学中的运用

### （一）表象训练的定义

表象训练是体育运动领域中最为普遍的一种心理技能训练，被视为心理技能训练的核心环节。它是在暗示语的指导下，在头脑中反复想象某种运动动作或运动情境，从而提高运动技能和情绪控制能力的过程。表象训练有利于建立和巩固正确动作的动力定型；有助于加快动作的熟练和加深动作记忆，测验前或比赛前对于成功动作表象的体验将起到动员作用，使运动员充满必胜的信心，达到最佳的竞技状态。如跳高时可以想象自己打破个人纪录时的过杆动作，跳远时可以想象自己助跑和腾跃的成套动作，长跑时可在跑程中想象盖房子、做算术题或想象自己是一列火车在向前奔跑等，这有助于消除肌肉酸痛和单调乏味的感觉。表象训练的作用主要有：①表象训练不仅有助于加快运动技能的学习，巩固和改善已学会的运动技术动作，还有助于演练战术。通过实验发现，表象训练可以提高动作学习的速度，在认知成分较多的动作学习中尤为明显。②表象训练可以帮助练习者加深对运动战术的理解、演练实战中运动战术的运用。例如长跑选手可以根据竞争对手的体能、战术、心理等特点，通过表象演练确立相应的战术方法等。③表象训练具有调节人的情绪以及生理唤醒水平的作用。比如，在体育课的放松部分，我们可以通过导语让学生想象一些令人愉快和放松的场景，以调节学生的情绪。

### （二）表象训练的依据

#### 1. 念动现象及心理神经肌肉理论

当产生一种动作表象时，总伴随着实现这种动作的神经冲动，大脑皮质的相应中枢就会兴奋，原有的暂时联系就会恢复，这种兴奋会引起相应肌肉进行难以觉察的动作。运动表象时引起的这种运动反应称作念动，即意念诱发运动。实验证明，请赛跑运动员做赛跑的表象和请小提琴家做拉琴的表象时，同时记录他们腿上和手臂上的肌肉电流反应，可以看出与其安静时不同，有表象活动时，肌肉电流明显增强。目前，心理学上已把这种现象归纳为心理神经肌肉理论。这一理论认为，由于在大脑运动中枢和骨骼肌之间存在双向神经联系，人们可以主动地去想象做某一运动动作，从而引起有关的运动中枢兴奋，兴奋经传出神经传至有关肌肉，往往会引起难以觉察的运动动作。

#### 2. 符号学习理论

解释表象训练机制的另一种理论叫作符号学习理论。这种理论认为，表象训练之所以有助于提高运动技能，是因为人在进行运动表象时对某任务各动作序列进行了符号练习。在练习中，可以排除错误动作，熟悉动作的时间、空间特征，预见到动作的结果。由于这是一种认知上的或符号的练习，因此，对于那些含有较多认知成分的任务，如定点投篮、跳高等更为有效。如要通过表象练习来提高运动成分或力量成分占较大比重的技能，则需要较长时间。

### （三）表象训练在体育教学中的运用方法

#### 1. 直观形象的教学方法

用生动形象的语言组织教学内容，通过一定的直观方式作用于人体感觉器官，引起感知。这是教师在体育课堂上采用的基本方法，也是体育课堂上运动表象形成的基本途径。

#### 2. 动作示范

教师以具体的动作为示范，使学生了解要学习的动作形象、结构、要领和方法，这是体育教学中最常用的一种直观教学方法。这种方法便于运动表象的形成。这种方法要求我们在动作示范时，要正确，规范，熟练，目的明确，位置感、方向性强。示范时更应该注意自己的相对位置，各种示范方式灵活运用。动作示范轻快优美，以激发学生学练的兴趣。

### 3. 教具和模型演示

教具和模型演示是教学中对图表、照片、模型及其他教具等直观的运用，它能使学生较生动、具体地了解动作形象、技术结构和细节以及动作技术的完成过程。例如，球场模型对战术配合的演示，人体模型对动作的演示。对快速动作、空中完成的动作和技术结构复杂的动作，利用这种方法更能促进运动表象的建立。此外，教具、模型还可以起到新颖刺激物的作用，能引起注意，调节气氛，提高学生的学练情绪。

### 4. 多媒体技术的利用

利用胶片和磁带对记录信号的再现功能，以及其再现的可控制性，更能生动地突出动作的形象、结构、过程、空间和时间的变化。如果能把这些视觉信号制作成多媒体课件向学生演示，那么就更能激发学生的学习兴趣和积极性。

## （四）表象训练应注意的问题

### 1. 从以视觉表象为主逐步过渡到以动觉表象为主

体育教师在教授新的技术动作时，首先要进行正确的示范，运用整体示范与分解示范相结合的方法，使学生感知完整的动作形象。然后，鼓励学生自己想象教师的示范动作，首先建立起清晰的视觉表象。同时，要求学生把视、听信息转化为身体运动的信息，体会和把握肌肉运动的感觉，并通过实际动作的练习，形成和完善运动动作的肌肉运动表象，对于掌握运动动作来说，视觉表象是运动表象的前提，而运动表象对运动动作起着更重要的指导作用，也更难达到清晰、准确和可控的程度。因此，体育教师应把表象练习的重点放在提高运动表象的质量上。为了提高动觉表象的质量，可以让学生像电影镜头那样缓慢地做动作，采用不同重量的器械练习，分别完成整体动作的各个部分，以建立分化知觉，并将其作为动觉表象的基础。

### 2. 利用准确简练的语言提示

在形成和完善运动表象的过程中，语言具有集中和强化的作用。在教学过程中，体育教师要选择明晰简练的语言说明技术动作的特点，同时要求学生用同样的语言记忆，并借助这种语言，提示和巩固相应的动作表象。例如，在教授推铅球最后用力时，用蹬（右腿）、转（右筋）、挺（胸）、撑（左侧）、推（右侧）、拨（球）6个字来说明用力顺序，能较准确简明地表达用力的特点，使学生容易记忆并引起相应的运动表象。

3. 示范突出动作要点

教师开始示范时，应有意识地突出动作要点，使学生在观察示范时将注意力集中到示范动作的主要特点上，不要开始就要求学生注意动作的细节。这样就违反了动作表象形成的规律，势必影响学生运动表象的形成。

4. 采用整分示范相结合的方法

这是我们认识事物的规律。学生初始观察时视觉尚未达到分化的程度，常常不能准确地知觉教师示范动作的具体特点，采用整分示范相结合的方法，既能使学生获得整体的运动表象，又能帮助学生获得动作要点的表象。

5. 加强对空间特点的方向性和时间特点的连续性的控制

在体育教学中，教师示范位置及方向在整个示范过程中都极为重要。合理的位置及明确的方向性对表象的产生起到很好的促进作用。连续性突出在运动表象的时间特点之中，在时间特点中它占有很大的比重，对其加以控制也能促进运动表象的确立。

## 二、认知训练在体育教学中的运用

### （一）认知训练的定义

认知是指人们认识活动的过程，即个体对感觉信号接收、检测、转换、简约、合成、编码、储存、提取、重建、概念形成、判断和问题解决的信息加工处理过程。习惯上将认知与情感、意志相对应，即把情感和意志等称为非认知的心理现象。

认知训练又称认知疗法、认知调整、思维控制等。认知训练是指学生自己或者在体育教师的指导下通过认知活动调节心理状态或者情绪，以提高体育学习和教学效果的心理技能训练方法。

### （二）认知训练的理论依据

随着埃利斯的合理情绪疗法（ABC 理论）、Beck 对抑郁症的认知疗法理论的问世，人们认为可以通过改变人的认知进而改变人的情绪和行为。这些理论的共同点都是认为在情绪发生过程中认知因素起着重要的作用。在此基础上，逐渐发展出认知训练这种心理技能训练方法。

### （三）认知训练的程序

广义上讲，注意、记忆、想象和表象等心理现象都属于认知范畴。我们这里所说的认知训练是狭义上的认知，或者说是指认知评价。主要是指学生通过认知调整、思维控制等方式和方法，以达到良好的体育学习、竞赛效果的方法。从埃利斯的 ABC 理论可以看出，导致人们不同情绪的直接原因是个体自身对事件的评价，而不是事件本身。因此，对这个评价环节的关注应成为我们进行认知训练的关键。一般而言，在体育教学中，学生容易产生的不合理思维往往有以下几个方面：①绝对化要求；②过分概括化，是一种以偏概全、以一概十的不合理思维的表现；③糟糕至极的想法；④过分关注事件的结果而不是事件的当下。

基于以上思维特点的分析，体育教师在认知训练中可以采取以下步骤，对学生的不良思维进行有效干预：①向学生介绍埃利斯的 AEC 理论，使学生理解并接受该理论的要点；②结合在体育教学或竞赛中，学生或运动员所存在的普遍性或特殊性问题，与他们一起分析并识别出自己所存在的不合理信念并一一列出；③转变不合理的信念，辩证法是常用的方法之一；④积极引导学生关注当下事件（比如一个技术动作本身），而不是关注事件发生的结果。

### （四）认知训练的注意事项

在体育教学中，教师运用认知训练需要注意以下几个问题：①抓住认知训练的特点，根据学生的实际学习情况，将表象、语言化、思维三种教学手段结合起来使用，以激发学生学习的积极性，提高学生掌握技术动作的能力。②运动技能是在本体感觉的基础上形成和发展的，因而在教学中教师应尽可能多地创造条件，尽快建立起学生的专项本体感觉的教学指导思想。对教学内容特点进行深入分析和研究，从宏观上对学生的技术进行调节和控制，从微观上使学生的技术细节得以确定和提高。③在教学初期，认知训练方法的重点应放在帮助学生建立清晰的动作整体的概括表象能力方面；学生掌握基本动作后，认知训练的重点应放在帮助学生建立动作的细节表象方面，以此促进学生尽快正确掌握技术动作。④言语化训练有利于学生动作概念的形成，有利于知识的结构化。在教学和训练时，教师应让学生口述动作要领，以强化其与动作有关的内部陈述性知识和程序性知识，并加强学生有关动作信息的指导。⑤思维训练不仅能防止学生僵化地掌握知识，而且有利于学生动作技能的形成，教师除进行有针对性的思维训练外，还可采用启发式教学和训练，运用设疑、点拨等方式来提升学生的思维能力。

# 参考文献

[1] 曹贝 . 初中生体育参与兴趣与动机关系的实证研究 [D]. 苏州：苏州大学，2017.

[2] 陈杰，马玲，张宇 . 体育训练与运动心理 [M]. 北京：中国纺织出版社，2019.

[3] 程钰涵 . 心理健康教育在连云港市西苑中学体育教学中的应用研究 [D]. 南京：南京体育学院，2023.

[4] 褚昕宇 . 体育锻炼在学生意志品质培养中的作用 [J]. 中学政治教学参考，2020（05）：86.

[5] 樊荣 . 中学体育教学中提升学生社会适应能力的实验与研究 [J]. 科学咨询（教育科研），2020（07）：255.

[6] 樊雪冰 . 篮球竞赛中团队冲突、凝聚力与比赛成绩关系的研究——以昆明市高校周末联赛为例 [D]. 昆明：云南师范大学，2021.

[7] 谷松 . 体育运动中青少年心理健康素质培养研究 [D]. 武汉：华中师范大学，2020.

[8] 恒佳 . 体育运动有助于青春期前的心理健康 [J]. 健与美，2023（08）：18.

[9] 黄慧娟，陈建新 . 在体育教学中激发和培养学生的学习动机初探 [J]. 当代体育科技，2020，10（09）：145-146.

[10] 黄武胜 . 体育训练与运动心理学研究 [M]. 北京：中国商务出版社，2019.

[11] 解超 . 青少年足球运动员团队互动对团队效能的影响研究 [D]. 大连：辽宁师范大学，2019.

[12] 李采丰，尹忠根，于君 . 指向社会适应的中小学体育与健康课程行动框架 [J]. 课程 . 教材 . 教法，2022，42（11）：36-43.

[13] 李东豪 . 心理技能训练对运动表现的影响 [J]. 当代体育科技，2021，11（11）：37-40.

[14] 林立 . 目标设置在中学篮球运球技术教学中的运用与研究 [D]. 北京：北京体育大学，2020.

[15] 刘雪，朱裕恒，娄虎 . 体育运动对中学生心理压力影响的实证研究 [J]. 体育世界，2023（08）：150-152+159.

[16] 刘宇晔 . 集体性体育运动对增强青少年学生抗挫折能力的作用 [J]. 当代体育科技，2019，9（18）：186-187.

[17] 刘运娇. 刍议体育运动对学生心理健康发展的影响 [J]. 当代体育科技, 2021, 11
（02）: 102-104.

[18] 卢洋. 表象训练法在中学体育教学中的应用探究 [J]. 当代体育科技, 2019, 9（18）:
100-101.

[19] 麻天慧, 麻天智, 于浩洋. 体育运动对情绪影响重要性研究 [J]. 当代体育科技,
2015, 5（26）: 55-56.

[20] 邱甘伦. 浅谈"肌肉放松训练"在体育教学中的应用 [J]. 传奇. 传记文学选刊（教
学研究）, 2013（04）: 36-37.

[21] 宋达. 青少年篮球爱好者意志品质的多维度分析 [D]. 哈尔滨: 哈尔滨体育学院,
2022.

[22] 宋佳鑫. 黑龙江省高校篮球运动员意志品质的研究 [D]. 哈尔滨: 哈尔滨工程大
学, 2019.

[23] 苏家本, 杨波, 张辉. 体育应试背景下初中生体育动机发展方向的思考 [J]. 菏泽
学院学报, 2019, 41（02）: 115-119.

[24] 谭腾飞, 黎晓丹. 课外体育锻炼对青少年社会适应的影响 [J]. 湖北体育科技,
2022, 41（03）: 227-233.

[25] 田青. 中学生运动习惯、创造性、心理健康与学业成绩的关系研究 [D]. 重庆: 西
南大学, 2022.

[26] 王斌. 体育心理学 [M]. 武汉: 华中师范大学出版社, 2015.

[27] 王光元. 参与体育运动对青少年人格塑造的影响研究 [J]. 开封文化艺术职业学院
学报, 2021, 41（09）: 189-190.

[28] 王天怡. 体育运动对大学生心理健康影响的调查研究 [D]. 青岛: 中国石油大学
（华东）, 2024.

[29] 辛富豪. 云南师范大学体育学院不同专项学生心理技能对比研究 [D]. 昆明: 云南
师范大学, 2016.

[30] 杨峰. 体育运动在培养青少年健全人格中的作用——电影《重振球风》的启示
[J]. 湖北函授大学学报, 2016, 29（18）: 89-90+119.

[31] 杨雪慧. 学校体育对留守儿童健康人格培养的影响——以聊城市东阿县中小学为
例 [D]. 北京: 首都体育学院, 2018.

[32] 袁润强. 浅谈体育运动在青少年成长中的作用 [J]. 文体用品与科技, 2018（23）:
74-75.

[33] 张丹丹. 不同目标设置对青少年羽毛球运动员竞技能力的影响 [D]. 上海: 上海体
育学院, 2020.

[34] 张恩续. 心理技能训练在足球技术教学中运用效果的研究——以鞍山二中校园

足球教学为例 [D]. 北京：首都体育学院，2021.

[35] 张明珠 . 青少年运动员自信心水平的调查研究——以江苏省淮安体育运动学校为例 [J]. 青少年体育，2019（11）：72–73+89.

[36] 张蓉 . 体育运动对青少年情商和情绪效能的影响 [J]. 科教导刊（上旬刊），2016（16）：153–154.

[37] 赵禹，王红杰，陈志华 . 体育运动学 [M]. 北京：航空工业出版社，2020.

[38] 郑华艳，龙亚军 . 体育运动心理与心态浅析 [M]. 长春：吉林人民出版社，2017.

[39] 周玉成，冯文明，王冬梅 . 维纳归因理论与体育教育 [J]. 华北理工大学学报（社会科学版），2017，17（03）：78–80.